KB167023

뇌의 비밀

차례
Contents

뇌 연구 역사

이집트인들은 미라를 만들 때 뇌를 보관했을까?

약 5,000년 전, 이집트인들은 사람이 죽으면 모두 내세로 간다고 생각했으며, 내세에 다시 부활할 때 몸이 필요하다고 여겼기 때문에 미라를 만들었다. 그들은 내세에 사용하기 위해 죽은 사람의 묘에 평소에 사용하던 물건들을 넣어주었다.

이집트인들은 죽은 사람의 몸이 부패하는 것을 막는 여러 가지 방법도 개발했다. 그들은 먼저 죽은 사람의 몸에서 심장을 제외한 내장기관들을 모두 끄집어내어 항아리에 보관했으며, 다시 사용하기 위하여 미라 옆에 두었다. 그들은 '생각의 주체는 뇌가 아니라 심장'이라고 생각했기에 심장은 그대로 두고 쉽게 부패하여 액체화하는 뇌는 코를 통해 갈고리를 넣어 끄집어내어 버렸다. 그들에게 뇌는 쓸모없는 기관에 불과했다. 그러나 황금가면을 쓴 투탕카멘왕이 내세에 다시 살아난다면 뇌가 없는데 과연 본인이 왕이었다는 사실을 알 수 있었을까?

이집트인들은 뇌의 중요성을 몰랐지만 미라를 만드는 과정에서 인간을 해부하면서 많은 것을 알게 되었고, 약 4,000년 전 이집트 의사들은 뇌의 주름, 뇌막, 뇌척수액과 여러 가지 뇌 손상과 치료법에 대해 파피루스에 기록했다.

심장, 사고의 중심기관이자 마음이 있는 곳?

그리스 철학자인 아리스토텔레스(Aristoteles, 기원전 384~322)는 심장이 사고의 중심기관이고 뇌는 심장을 냉각시키는 기관이라고 생각했다. 그래서 사랑을 얻으려면 큐피드의 화살을 심장으로 쏘아야 한다고 했다.

2세기경 현재의 터키인 페르가몬에서 활동했던 그리스의 의사 갈레노스(Galenos, 129~199)는 상처 입은 검투사들을 치료하면서 뇌가 우리의 생각과 정서, 기억을 조절한다는 사실을 최초로 말했다. 갈레노스의 이런 연구결과는 1,000년 이

상 의사들과 과학자들이 믿었고, 독일 태생 미국의 약리학자
인 오토 뢰비(Otto Loewi, 1873~1961)는 1921년에 사고·기분·감
정·기억이 뇌에 있는 화학물질인 신경전달 물질에 의해 조절
된다는 사실을 처음으로 밝혔다.

뇌 해부학의 발전

벨기에의 해부학자인 베살리우스(Andreas Vesalius, 1514~1564)
는 16세기에 교수형을 당한 살인자들의 뇌와 신체를 연구하
여 해부도에 관한 책을 출판했다. 이 해부도는 5세기가 지난
지금도 이용할 정도로 자세했다. 베살리우스는 사람과 동물
의 뇌 액체부위의 공간이 비슷하기 때문에 인간의 사고가 뇌
의 액체부에서 나오는 것이 아니라 다른 곳에서 나온다고 생
각했다.

17세기 중반 영국의 해부학자 토머스 윌리스(Thomas Willis,
1621~1675)는 1664년에 최초의 뇌 관련 책인 『뇌의 해부학』
을 출간했다. 윌리스 박사는 생각을 담당하는 뇌 부위와 호
흡이나 걷기를 담당하는 뇌는 다르다고 설명했으며, 뇌의 신
경과 혈관에 관해 상세하게 묘사했다.

앞머리를 꿰뚫은 쇠막대 사건을 통한 뇌기능 연구

19세기 경, 미국 철도 건설 현장에서 바위를 제거하기 위해 설치한 다이너마이트 오폭으로 인해 쇠막대가 건설노동자인 게이지(Phineas Gage, 1823~1860)의 왼쪽 앞머리를 관통하는 사건이 벌어졌다. 쇠막대가 왼쪽 눈 뒤의 전두엽을 관통하고 머리뼈에 지름이 10cm나 되는 구멍을 내었지만, 그의 정신은 비교적 말짱했고 말도 했다. 몇 개월 후 게이지는 신체적으로 큰 문제는 없었지만 침착하지 못하고, 이유 없이 화를 잘 내고, 욕을 했다. 이후 게이지는 베일리 서커스 단원으로 들어가 말 사육장에서 일하다가 사망했으며 쇠막대도 함께 묻혔다.

그의 부상을 치료해주고 지속적으로 관찰하던 마틴 할로(John Martyn Harlow) 박사는 1868년에 게이지의 성격과 행동 변화에 대한 연구결과를 발표했다. 뇌의 앞부분인 전두엽이 손상되면 감정과 폭력 조절 능력도 함께 손상된다는 사실을 발견한 것이다.

특이한 뇌손상으로 인하여 게이지는 의학사와 과학사에서 가장 많이 연구된 사람으로 남게 되었다.

뇌의 언어 센터를 밝힌 브로카와 베르니케

프랑스 파리의 외과의사인 폴 브로카(Paul Broca, 1824~1880)는 무슨 질문을 하든 "탄, 탄."이라고만 대답하고 말을 하지 못하는 르보르뉴라는 환자가 죽자 뇌를 부검했다. 그는 부검에서 환자의 왼쪽 측두엽 부위가 손상되어 있음을 발견했으며, 이 부위가 말을 하는 중추 센터라는 사실을 처음으로 보고했다. 이 부위를 '브로카 영역'이라 부른다.

브로카 영역을 발견한 후 독일의 신경 정신과 의사인 카를 베르니케(Wernicke Car, 1848~1905)는 말은 할 수 있지만 말의 뜻을 잘 이해하지 못하는 환자의 뇌를 조사한 결과, 브로카 영역 뒤쪽의 손상된 뇌 부위를 발견하였다. 이 뇌 영역을 '베르니케 영역'이라 부른다.

19세기 후반부터 20세기 중반까지의 뇌 연구

19세기 후반, 독일인 의사인 프리츠(Gustav Fritsch, 1837~1927)와 히치히(Eduard Hitzig, 1839~1907)는 오른쪽 뇌가 왼쪽 신체를, 왼쪽 뇌가 오른쪽 신체를 지배한다는 사실을 발견했다. 그 후 20세기 중반 캐나다의 신경외과 의사 와일드 펜필드(Wilder Penfield)는 간질 환자를 수술하면서 전두엽 뒷부분에 있는 '운

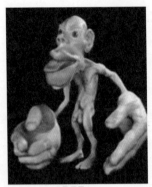
호문클루스

동 중추'와 두정엽에 있는 '체성감각 중추'를 발견하고 '호문쿨
루스(homunculus)'라는 그림을 그렸다. 이 호문쿨루스를 보면
손과 입술이 아주 크고 가슴과 어깨는 아주 작다.

**신경전달물질(Neurotransmitter)과 신경전달물질 수용체
(Receptor)의 발견**

앞에서 설명한 바와 같이 뇌의 모든 기능은 화학물질인
신경전달물질로 이루어진다는 사실이 영국의 오토 뢰비 박
사에 의해 처음으로 밝혀졌다. 이 발견으로 그는 1936년 노
벨의학상을 받았다.

뇌에는 50여 종이 넘는 신경전달물질이 있다. 이 신경전달

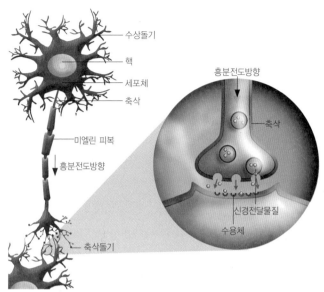

수상돌기
핵
세포체
축삭
미엘린 피복
흥분전도방향
축삭돌기

흥분전도방향
축삭
신경전달물질
수용체

뉴런 구조와 뉴런 간 신경정보가 전달되는 과정

물질은 각자의 구조에 맞는 세포막 속에 있는 특이 신경전달
물질 수용체와 결합함으로써 작용한다. 신경전달물질들의 합
성, 유리, 대사과정이나 신경전달물질 수용체의 장애로 다양
한 뇌질환이 발생하는 것으로 보고되고 있다.

위의 그림에서 보는 바와 같이 핵이 있는 세포체로부터
나온 1개의 긴 가지인 축삭(Axon)에서 여러 갈래로 나온 축
삭돌기가 다른 뉴런(신경세포)의 수상돌기(dendrite)와 시냅스
(Synapse, 정보전달이 이루어지는 두 돌기 사이의 틈)를 이루며, 이

시냅스 틈을 가로질러 나온 신경전달물질이 다른 신경세포의 수상돌기 막에 있는 수용체에 붙어 정보가 전달된다.

인간의 뇌, 포유류의 뇌, 파충류의 뇌

고래의 뇌 무게는 8,000g, 코끼리는 5,000g, 공룡은 100g, 인간은 1,500g가량이다. 뇌가 전체 체중에서 차지하는 비중을 보면 고래와 코끼리는 1/2,000, 유인원은 1/100, 공룡은 1/20,000인데 비해 인간은 약 1/40로 지구에 사는 동물 중 비중이 가장 높다. 산호에는 신경과 근육이 거의 없으며, 해삼이나 해파리 같은 강장동물에는 움직이는 근육 바로 옆에 이를 조절하는 원시적 신경이 있다. 더 다양하게 움직이는 낙지·오징어·조개 같은 연체동물과 절지동물 등 무척추동물에서는 신경이 근육 사이에 거미줄처럼 연결되어 몸의 여러 곳에 수만 개씩 모여 신경절이라는 신경세포의 집합체(작은 뇌)를 형성한다. 몸의 여러 곳에 뇌가 흩어져 있는 것이다. 그러나 고도의 운동과 감각기능을 적절하게 조절하고 제어하기 위해서는 조절 센터가 몸의 여러 곳에 분산되어서는 효과적이지 못하다. 그렇기 때문에 머리로 모여 척추동물의 뇌를 만들게 되었다. 척추동물의 뇌는 체중과의 비율이 클수록 기능이 우수하다고 본다. 즉, 모든 동물 가운데 인간의 뇌 비율이 가장 크고 뇌기능이 가장 좋아 만물의 영장으로 활동하고 있다. 만일 공룡의 뇌 비율이 훨씬 더 컸더라면 멸종하지 않고 지금까지도 생존할 수 있었는지도 모른다.

인간 활동의 주관자인 뇌

뇌는 체중의 2%인 1,500g 내외에 불과하지만, 산소와 포도당 소모량은 20% 정도를 차지한다. 다른 장기에 비해 단위체중 당 10배나 많은 영양분을 공급받는 셈이다. 다른 장기가 탄수화물(4kcal/g) 지방(9kcal/g)이나 단백질(4kcal/g)을 분해해서 에너지를 얻는 반면 뇌는 포도당만을 에너지로 사용한다. 위기 상황에서 심장이 최우선적으로 혈액과 산소를 공급하는 곳도 바로 뇌다. 중요한 사실은 뇌 세포는 재생이 되지 않는다는 점이다. 위나 장의 점막세포는 며칠 사이에 새로운 점막세포로 교체된다. 반면 뇌 세포는 태어날 때 형성된 모양

그대로 기능을 하다가 죽으면 재생이 되지 않는다. 그러나 최근에는 수는 적지만 뇌 세포를 만들 수 있는 신경줄기세포가 뇌에 존재하고 있으며 위급한 상황에서 죽은 뇌 세포를 대체하는 것으로 알려졌다.

이처럼 인체의 여러 기관 중 뇌가 중요하게 다뤄지는 이유는 심장박동부터 창조적 영감까지 인간의 모든 것을 조절하거나 제어하는 최고의 중추기 때문이다. 인간의 모든 활동은 뇌의 명령에 의해 이루어진다. 개개인의 특성은 뇌가 결정하며 뇌가 다르기 때문에 70억 인구 중 특성이 같은 사람은 없다. 따라서 "나는 누구인가(Who am I)?"라는 질문에 가장 정확한 답은 "나는 뇌다(I am the Brain)." "뇌가 나다(The brain is me)."일 것이다.

3층으로 이루어진 인간의 뇌

1층 : 뇌 줄기와 소뇌

뇌 줄기는 뇌의 가장 아래쪽, 척수 바로 위에 위치하고 있다. 5억 년 전 파충류에서 처음 발생한 뇌이기 때문에 '파충류의 뇌'라고 하며, 호흡, 심장박동, 혈압 등의 생명을 조절하는 뇌이기 때문에 '생명의 뇌'라고도 한다. 이 생명의 뇌가 기능을 멈추면 '뇌사'가 일어난다. 뇌사가 일어나면 심장은 며칠 내로 멈추게 되며 그 사이 뇌는 살아나지 않기 때문에 뇌사가 일어나면 죽음으로 인정해 장기 이식을 할 수 있다. 심장사 즉, 심장이 멈춘 후에는 혈관이 없는 각막 이식만이 가능하다.

소뇌는 뇌 줄기의 뒤쪽에 붙어 있으며 갖가지 자세를 취할 수 있게 해주고, 조화로운 근육운동을 가능하게 해주는 몸의 레이더 기능을 하고 있다. 지난 백만 년 사이에 인간 소뇌의 크기가 3배 이상 커졌다는 사실로 보아 인간 행동의 폭이 커졌으며, 신체의 움직임이 활발해지면서 생존의 가능성이 높아졌다는 사실을 알 수 있다. 또한 단순한 운동 학습 반응을 기억하는 기능도 가진다.

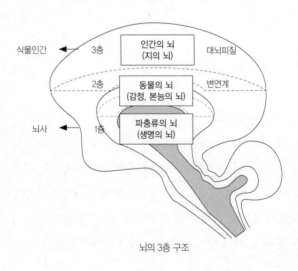

뇌의 3층 구조

2층 : 변연계

뇌 줄기와 대뇌 피질 사이에 있는 고리 모양의 부위로 2억 년에서 3억 년 전에 발생되었으며, 포유류에서 가장 잘 발달 되어 있기 때문에 '포유류의 뇌'라고도 불린다. 개가 꼬리를 흔들거나 두려움에 으르렁거리는 감정표현을 하는 것은 변연계가 발달되어 있기 때문이다. 또한 변연계에는 해마(기억의 뇌)와 편도체(공포의 뇌)가 있어 기억을 하고 공포를 느낄 수 있다. 또 변연계에 호르몬 조절 중추인 시상하부와 호르몬 생산 공장인 뇌하수체가 포함되어 있어 음식 섭취, 혈당, 수분, 체온 및 수면, 성, 스트레스를 조절할 수 있으며, 되먹임 메커니즘에 의해서 신체의 항상성을 유지할 수 있다. 즉 혈액 내 온도가 내려가면 시상하부는 체내의 열 생산을 자극해 체온을 상승시킨다. 시상하부는 전기적·화학적 메시지에 의해 뇌하수체 기능을 조절한다. 뇌하수체는 호르몬을 유리시켜 신체기능을 조절한다.

3층 : 대뇌

인간의 뇌에서 가장 크고 잘 발달된 부위다. 따라서 다른 동물과 달리 생각하고, 말하고, 문자를 사용하고 창의력을 발휘하여 찬란한 문화를 꽃 피우고 공부를 담당하는 주체가 된다. 또한 2층에 있는 감정과 본능의 뇌를 적절히 제어 ·조절해서 이성적인 행동을 할 수 있게 한다. 대뇌의 제어 능력이 저하되면 감정과 폭력성을 억제하지 못해 심하면 폭력, 살인으로 진행되기도 한다.

대뇌가 광범위하게 손상되면 '식물인간'이나 치매 상태가 될 수 있다. 식물인간은 깨어날 수도 있기 때문에 '뇌사'와 달리 죽은 것이 아니다.

대뇌는 두 반구로 나누어지며 각각 반대쪽의 신체를 조절한다. 이 반구는 약 3억 개의 신경세포 섬유들로 구성된 뇌량에 의해서 연결되고 서로 정보를 교환한다. 각 대뇌반구는 3mm 두께의 신경세포층이 주름을 이루어 만든 피질(겉질)로 덮여 있다.

각 대뇌반구의 피질은 네 개의 부위, 즉 4엽으로 나누어진다. 전두엽(이마엽)은 동기부여와 주의 집중을 하게 하고 계획을 세우거나 의사 결정을 하고 목적지향적 행동과 감정과 본능을 제어·조절하여 인간성과 도덕성을 조절하는 곳이다. 이 부위의 장애로 인간성·도덕성의 장애, ADHD(주의력결핍과잉행동증후군), 학교폭력, 인터넷 게임 중독 등이 나타날 수 있다.

두정엽(마루엽)은 각 신체를 부위별로 나누어 조절하며 입체 공간적 인식 및 과학적, 수학적 기능을 한다. 아인슈타인은 이 부위가 특별히 발달한 두정엽 천재로 알려졌다.

후두엽(뒤통수엽)은 시각 중추가 있는 부위며, 측두엽(관자

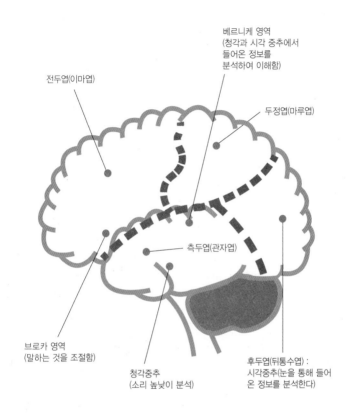

베르니케 영역
(청각과 시각 중추에서
들어온 정보를
분석하여 이해함)

전두엽(이마엽)

두정엽(마루엽)

측두엽(관자엽)

브로카 영역
(말하는 것을 조절함)

청각중추
(소리 높낮이 분석)

후두엽(뒤통수엽) :
시각중추(눈을 통해 들어
온 정보를 분석한다)

대뇌피질엽의 구조와 소리가 뇌로 전달되는 경로

엽)은 언어·청각·인지 및 기억기능을 담당한다. 2가지의 언어 중추인 베르니케 영역과 브로카 영역(청각정보에 반응해서 말하는 언어 운동 중추)이 측두엽과 인접한 전두엽에 각각 있다. 대뇌피질부위의 광범위한 손상으로 치매가 나타난다.

소리가 들어오면 고막을 통해 내이로 들어와 달팽이관의 머리카락 세포를 자극하고 청각신경을 통해 연수를 거쳐 뇌의 가운데 있는 시상에 들어온다. 이 정보가 측두엽의 베르니케 영역에서 이해하게 되고 브로카 영역으로 와서 최종적으로 말을 조절하게 된다. 베르니케 영역이 손상되면 말의 의미를 이해하지 못하는 감각 실어증(Sensory aphasia), 브로카 영역이 손상되면 말의 의미는 이해하나 실제 말로 표현하지 못하는 운동 실어증(Motor aphasia)을 앓게 된다.

마음, 신경전달물질과 신경전달물질 수용체

정보를 전하는 신경전달 물질

한 개의 신경세포는 수만 개의 신경세포와 시냅스를 이루며 교신을 주고받는데, 교신을 담당하는 주체가 바로 신경전달물질이라는 사실은 20세기에 이룬 가장 획기적인 과학적 발견 중의 하나다. 20세기 초까지만 하더라도 신경세포와 신경세포 사이에는 세포질이 서로 전깃줄처럼 연결되어 흥분이 전도되는 것으로 생각하였다. 그러나 현미경으로 자세히 관찰한 결과 신경세포 사이에는 항상 일정한 간격(틈)이 존재한다는 사실이 밝혀졌으며, 이러한 간격을 뛰어넘어서 흥분이

전달되기 위해서는 어떤 매개물질의 존재가 필요하다는 자연적인 추론이 나오게 되었다.

1921년 오토 뢰비(Otto Loewi)는 미주신경(심장과 장에 분포하고 있는 부교감신경의 일종)이 붙어 있는 개구리 심장과 미주신경을 제거한 개구리 심장을 준비하여 각각 링거액에 담그고 링거액이 서로 통하게 연결시킨 후 심장박동을 카이모그래프(kymograph)로 각각 측정하였다. 미주신경이 있는 개구리의 심장을 자극하자 심장 박동이 느려졌는데, 미주신경이 없는 둘째 개구리의 심장박동도 함께 느려졌다. 이 실험으로 오토 뢰비 박사는 미주신경을 자극하면 신경시냅스 말단에서 어떤 화학물질이 나와 정보를 공유한다는 사실을 처음으로 증명하였다. 이 물질을 미주신경에서 나왔기 때문에 '미주신경(Vagus stuff) 물질'이라 한다. 그 후 미주신경 물질은 아세틸콜린임이 밝혀졌으며 이렇게 정보를 전하는 물질을 신경전달물질(Neurotransmitter)이라 하였다.

이렇게 마음과 정신세계를 움직이고 조절하는 것이 화학적 신경전달물질에 의해서 이루어지고 있다는 사실은 많은 것을 시사해 준다.

우리는 인간의 복잡한 정신세계를 과학적 개념으로 모두 설명할 수는 없지만, 미래에는 과학이 발달하면서 보이지 않는 세계나 추상적인 세계도 상당 부분 볼 수 있을 것이다. 눈에 보이는 세계와 보이지 않는 세계의 정의가 과학적으로 애매해지고 있는 것이 사실이다. 과거에는 존재를 볼 수 없었던 많은 것들이 현재 그 존재를 인정받고 있다. 조현병(정신분열증), 우울증, 신경증, 치매, 파킨슨병, 무도병, 간질, 자폐증, ADHD, 수면장애 등과 같은 중요한 신경정신계 질환이 특정 신경전달물질의 이상으로 생길 수 있다는 사실이 밝혀지고 있다. 그뿐만 아니라 필로폰, 코카인, LSD 같은 환각제나 알코올, 담배, 인터넷도 신경전달물질계에 영향을 미침으로써 환각 및 행동의 이상을 보이는 것으로 보고되고 있다. 즉 뇌의 모든 기능은 다양한 신경전달물질의 작용에 의해서 이루어진다고 생각되고 있다.

다시 말해서 인간 활동의 최고 주체이자 인류문화 창조의 근원이 신경전달물질이라고 말해도 과언이 아니다. 중요한 역사적 사건의 주체들, 인류에 큰 타격을 주었던 전쟁을 일으켰던 사람들의 생각과 사상·행동을 이해하기 위해서는 이들의 신경전달물질계가 보통 사람과 어떻게 다른가 하는 연구는 필수적이라 하겠다.

앞으로 과학이 발달함에 따라 서로 다른 기능을 하고 있는 많은 신경전달물질이 끊임없이 발견될 것이며, 이러한 신경전달물질계의 특성을 밝힘으로써 인간 정체의 본질을 상당 부분 규명할 수 있을 것이다.

정보를 받아들이는 물질인 수용체

인간의 정신작용, 감정, 감각, 운동과 갖가지 행동은 신경
전달물질이라는 화학물질에 의해 이루어진다. 정보가 전달되
는 뇌신경세포가지의 접합부위를 시냅스라고 하는데, 시냅스
는 전깃줄처럼 이어져 있는 것이 아니라 일정한 간격을 가지
고 있다. 이 시냅스 간격을 뛰어넘어 정보를 전달해 주는 메
신저가 신경전달물질이다.

신경전달물질은 신경섬유 말단부의 조그마한 주머니인 소
포체에 저장되어 있다가, 신경정보가 전기적 신호로 바뀌어
신경섬유막을 통해 말단부로 전파되면 소포체가 신경세포막
과 결합한 후 터져서 신경전달물질이 시냅스 간격에 유리된
다. 유리된 전달물질은 $1/20,000\,mm$ 정도의 짧은 간격을 흘러
서 다음 신경세포막에 도달되며 세포막에 있는 특수한 구조
와 결합함으로써 흥분이 전달된다.

이 특수한 구조는 신경정보를 받아들이는 물질이라는 의
미에서 '수용체'라고 하며 단백질로 구성되어 있다. 말하자면
신경전달물질은 일종의 열쇠며, 이를 받아들이는 수용체는
열쇠구멍에 해당되기 때문에 신경전달물질이라고 하는 열쇠
가 수용체라고 하는 열쇠구멍에 맞게 결합함으로써 다음 신
경세포막에 있는 대문이 열려 정보가 전달될 수 있는 것이다.

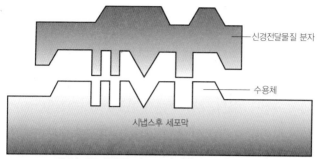

신경전달물질 분자

수용체

시냅스후 세포막

열쇠와 자물쇠 역할을 하는 신경전달물질과 수용체의 구조

신경전달물질은 각자 특유의 수용체 분자하고만 결합하여 특정정보를 전달한다. 신경정보를 가지고 있는 신경전달물질이라고 하는 화학분자와 그 정보를 받아들이는 수용체라고 하는 특수 단백질 분자의 상호결합으로 고도의 정신기능에서부터 행동·감정에 이르기까지 모든 정신작용이 결정된다. 유리된 신경전달물질이 신경세포막에 있는 수용체 단백질과 결합하면 수용체 분자 옆에 있는 이온통로(이온채널)가 활성화되어 나트륨이온·칼슘이온과 같은 양이온과 염소이온과 같은 음이온의 세포 내 이동이 증가된다. 평상시 세포 내는 $-60 \sim -90mV$의 음전하지만 양이온 이동의 증가로 양전하를 띠게 되면 신경세포는 흥분하게 된다. 이때 염소이온과 같은 음이온이 세포 내로 들어오게 되면 음전하는 더욱 커져 신경세포의 흥분은 억제된다.

신경세포를 흥분시키는 신경전달물질로는 글루탐산과 아스파르트산이, 억제시키는 신경전달물질로는 GABA(감마 아미노 뷰르티산)와 글리신이 대표적이다.

신경전달물질이 적절히 유리된다고 하더라도 이와 결합하는 수용체가 기능을 하지 못하면 신경정보는 효율적으로 전달되지 못한다. 이런 의미에서 신경전달물질과 수용체는 뇌에서 활동하는 남녀(男女) 주역이라고 할 수 있다. 어떤 이유로 신경전달물질의 유리가 적어지면 수용체 수는 증가하고, 반대로 많아지면 수용체 수는 줄어들어 우리 뇌의 기능이 일정하게 항상성을 유지하게 된다.

이러한 항상성이 깨질 때 여러 가지 신경정신질환이 발생한다. 대표적인 예로 도파민 신경전달물질이 유리되어 나오는 신경세포가 망가지면 수용체와 결합하는 도파민 신경전달물질이 없기 때문에 운동기능을 상실하여 파킨슨병이 생기고, 반대로 도파민 수용체가 과도하게 활동하면 조현병이 생긴다. 따라서 파킨슨병을 치료하는 방법으로는 도파민 신경전달물질의 합성을 증가시키는 L-도파(L-dopa)를 사용하며, 조현병을 치료하기 위해서는 도파민 수용체의 기능을 차단하는 약물을 사용한다.

앞으로 뇌의 두 주역인 신경전달물질과 수용체의 특성에 관한 연구가 신경과학의 첨단 연구가 될 것이며, 이 두 주역을 밝혀내면 인간정신과 마음의 해명, 나아가 생명의 수수께끼를 풀 수 있는 거보를 내딛게 될 것이다.

창조는 창조를 낳고, 머리는 적절히 쓰면 쓸수록 좋아진다

뇌에는 신경전달물질, 수용체, 2차·3차 전달자들, 각종 기능 단백질을 비롯한 많은 활성물질이 있다.

그중에서 신경전달물질과 수용체들이 가장 중요한 역할을 담당하고 있다. 신경전달물질을 유리하는 신경 섬유의 말단부에는 수용체가 있다. 흥분전도를 위해 신경전달물질이 신경세포 말단에서 유리되면 일부는 다음 신경세포막에 있는 수용체에 결합하여 흥분을 전달하고, 일부는 유리되어 나온 자기의 신경 세포말단에 있는 수용체와 결합하여 신경전달물질의 방출량을 자동 조절하게 된다. 신경전달물질이 많이 유리되면 자기 신경섬유 말단에 있는 수용체가 거꾸로 자극되어 유리를 억제하며, 적게 유리되면 이 수용체가 억제되어 유리량이 증가하게 된다.

이렇게 거꾸로 작용하여 기능을 조절하는 것을 되먹이기(피드백)라 하며, 수용체를 자동 조절하는 수용체라는 의미에서 '자가수용체'라 부른다. 예를 들어 뇌하수체 호르몬(성장호르몬, 성호르몬 등)이 말초혈액 내로 많이 유리되면 호르몬이 거

25

꾸로 뇌하수체에 작용하여 호르몬의 유리량을 억제하게 된다. 그 결과 생체는 항상 일정한 호르몬 양을 유지하는데, 이것이 가장 대표적인 음성 되먹이기(마이너스 피드백) 현상이다.

자가수용체는 신경전달물질 유리량을 자동으로 조절하여 양을 일정하게 유지하는 장치며, 대부분의 신경계가 가지고 있다. 그러나 드물게 자가수용체가 없는 신경계도 있다.

사고, 판단, 창조와 같은 인간만이 가진 고도의 지적활동을 총괄하는 뇌 부위인 전두연합령은 주로 열 번째 A 신경핵인 A10 도파민 신경섬유로 구성되어 있다. 그런데 도파민 신경섬유 말단에는 자가수용체가 없다. 따라서 음성 되먹이기가 작용하지 않아 유리가 증가하여도 억제는 일어나지 않고 정보는 계속 한 방향으로만 흐르게 된다.

A10 도파민 신경계가 활성화되면 도파민 유리가 계속되어 정보 전달이 더욱 원활해지고 끝없이 이루어져 창조와 인간 정신 창출이 무한히 이루어질 수 있다. 즉 창조는 창조를 낳게 되어, 머리를 쓰면 쓸수록 좋아지는 것이다. 이런 의미에서 A10 도파민 신경계는 창조의 본산이라고 해도 과언이 아니며 이 신경계의 발달 여부가 사회의 문화척도를 결정한다고 말할 수 있다.

전두연합령에서의 도파민의 과잉활동은 창조를 촉진할 수 있으나 정신분열을 일으킬 수도 있다. 현재 조현병은 도파민 신경계의 과잉활동, 특히 전두연합령에서 통제되지 않는 과잉활동이 중요한 요인이라고 여겨지고 있다. 조현병에서는 상황에 맞지 않고 비합리적이며 제어되지 않는 사고의 비약이 자유롭게 나타난다. 천재와 광인은 종이 한 장 차이라고 볼 수도 있다.

뇌 속의 마약, 환각제와 진통제

뇌에서도 마약과 진통제가 분비된다

오랫동안 고도로 정신적 수양을 연마한 도사들은 뜨거운 불 속에서도 아픔을 느끼지 않고, 바늘로 찔러도 통증을 느끼지 않는다. 과연 이런 현상을 과학적으로 설명할 수 있는가. 모든 통증 가운데서도 가장 큰 고통이라고 하는 분만의 고통을 느끼지 않는 임산부도 있는데 어떻게 무통 분만이 가능한가. 침을 맞으면 마취가 되는데 그 까닭은 무엇인가.

양귀비꽃에서 추출한 아편의 주성분인 모르핀은 어떤 통증이든 즉각 없애주는 진통작용과 더불어 쾌감작용을 가지고 있는 묘약이다. 그렇기 때문에 최고의 진통제로 사용되고 있다. 모르핀이 어떻게 통증을 없애주며 사람에게 쾌감을 주는가는 오랫동안 알려지지 않지만, 1973년에 뇌에서 모르핀이 결합되는 특별한 단백질(수용체)이 발견되었다. 즉 이 단백질과 결합할 수 있는 물질이 뇌 속에 존재하고 있다는 말이다. 즉 뇌 속에도 모르핀과 같은 작용을 가진 물질이 존재하고 있다는 것을 강력히 암시하였기 때문에 많은 학자들이 내인성 마약물질을 찾기 위한 연구에 집중하였다.

그 결과 1975년, 뇌에는 모르핀보다 1백 배 정도 강력한 작용을 가진 마약이 존재하고 있음이 발견되었다. 이 물질을 내인성 모르핀(endogenous morphine)이라는 의미로 줄여서 엔도르핀(endorphine)이라 불렀다.

엔도르핀 펩티드는 마약-멜라닌-부신피질 호르몬 전구단백질(POMC, preopiomelanocortin) C단(전구단백질 분자구조의 오른쪽 끝)의 31개 아미노산 부위가 잘라져서 형성된다. 즉 엔도르핀과 부신피질 자극호르몬(ACTH), 멜라닌 세포 자극 호르몬(MSH)은 큰 분자량의 같은 단백질 분자 속에 포함되어 있다가 필요시에 각각 잘라져 독립된 호르몬으로 유리되어 작용한다.

엔도르핀과 부신피질자극 호르몬, 멜라닌 세포 자극 호르몬은 스트레스를 받았을 때 스트레스에 대항하기 위해 같이 잘라져 나오는 스트레스 호르몬으로 통증·불안 등을 경감시켜 즐거움과 진통 효과를 주는 고마운 물질이지만, 스트레스가 지속될 때는 멜라닌 세포 자극 호르몬 유리에 의해 멜라닌색소가 피부에 침착되어 피부가 검게 변할 수 있다.

엔도르핀 분비는 스트레스를 받을 때는 증가되나 즐거울 때는 억제된다. 예를 들어 통증자극이 가해질 때나 임신 중 산통이 시작될 때에 엔도르핀 유리가 최고조에 달하여 위급 상황에 대처하게 되는 것이다. 그러나 장기간 지속되는 심한 스트레스에 의해서 엔도르핀이 과도하게 유리될 때는 면역기능을 담당하는 임파구의 기능이 억제되어 감염이나 암 발생이 증가할 뿐만 아니라 마약 중독 같은 증세도 나타날 수 있다. 이처럼 엔도르핀이 항상 좋은 방향으로만 작용하는 것은 아니다.

엔도르핀을 구성하고 있는 31개의 아미노산 중 N단(전구단백질 분자구조의 왼쪽 끝)의 5개 아미노산으로 구성된 펩티드도 내인성 모르핀 작용이 있다. 이 펩티드는 뇌 속에 있다는 의미에서 엔케팔린(enkephalin)이라 부른다.

긴 거리를 조깅한다든지 스카이다이빙을 하는 것과 같은 스트레스가 있을 때, 뇌에서 내인성 마약인 엔도르핀이 나오기 때문에 기쁨이나 하늘을 날 듯한 비상감을 경험한다. 앞에서 설명한 것처럼 분만할 때에 산모와 태아가 받는 고통과 통증은 말로 표현할 수 없을 정도로 크기 때문에 산모의 뇌에서 마약이 최고도로 유리되어 산모와 태아가 받는 고통을 덜어준다.

대 문호들과 중독

상상력을 갈망하는 예술가는 특히 마약이나 환각의 유혹에 빠지기 쉽다. 프랑스의 상징주의 시인인 샤를 보들레르는 시집 『악의 꽃』에서 "두렵고도 황홀한 인공 천국, 나는 그것을 통해 거대한 상상의 나래를 편다."라며 마약의 황홀경을 묘사했다. 그는 아편 중독 때문에 금치산자 선고까지 받았다.

『죄와 벌』『카라마조프가의 형제』등의 불후의 명작을 통해 인간의 원죄의식과 신성을 묘사한 러시아의 대 문호 도스토옙스키도 첫째 부인과 형의 사망, 금전적 문제 등으로 평생 도박 중독에 시달렸다. 도덕적 이상과 나약한 인간의 본능 사이에서 갈등하는 인간의 참모습을 깊이 있게 묘사했던 그도 여러 가지 스트레스를 이기지 못하고 인간의 본능 속으로 추락하고 말았던 것이다.

장미처럼 화려하고 비수같이 날카로운 감성으로 19세기 유럽 시단을 주름잡았던 랭보와 베를렌느도 마약이라는 검은 마수에 결국 파멸을 맞고 말았다. 베를렌느는 마약과 술에 취해 랭보를 권총으로 쏘았다. 이로 인해 베를렌느는 투옥되고 랭보는 유랑하다 요절하고 말았다.

밀가루약과 침술효과

캘리포니아 대학의 존 레번 박사 팀은 치과 환자들을 둘로 나누어 한쪽에는 진통제를, 나머지는 밀가루로 만든 가짜 약(placebo)을 투여했다. 그런데 환자들 모두 치과 치료 중에 통증을 느끼지 않았다. 가짜 약도 진통제로 믿고 먹으면 뇌에서 진짜 약으로 받아들여 통증을 느끼지 않게 된다. 밀가루로 만든 가짜 진통제를 진짜로 알고 먹으면 뇌에서 엔도르핀이 나와 통증을 느끼지 않는 것으로 밝혀졌다. 따라서 "아프지 않다.""괴롭지 않다.""할 수 있다."라는 긍정적인 사고가 뇌에 있는 마약 체계를 효율적으로 자극해서 우리 몸을 각종 질병으로부터 방어할 수 있게 해준다.

수천 년 동안 동양에서 사용한 침술도 엔도르핀과 엔케팔린 유리를 촉진시켜 통증을 완화시키는 것으로 보고되고 있다. 침은 팔다리를 다쳤을 때 통증완화에 일시적으로 효과가 있지만, 초기에 진통효과로 인해 골절을 잘 인지하지 못하게 되어 골절이 악화될 수 있다. 또한 전신마취를 해야 하는 환자에게는 침을 사용하지 않는다.

뇌 속에 있는 마리화나, 대마초

기원전 3,000년에 신농(神農)이 구전한 바 있는 대마초는 수천 년 동안 환각제로 널리 이용되었다. 마리화나라는 환각제로 잘 알려진 대마초의 성분 중에서 테트라하이드로칸나비놀(THC, tetrahydrocannabinol)이 환각을 일으키는 주범으로 알려졌다.

대마초는 담배에 섞어 흡연하거나 내복하는데 소량으로도 중추신경계 및 심혈관계에 강력하게 작용하여 몽롱한 상태가 되고, 대량으로 복용하면 선명한 환각을 동반하여 기분 상승, 성적흥분을 동반한 환상이 일어나고 극치감을 느끼게 된다.

마리화나를 반복하여 사용하면 모든 일에 피동적이고 내향적이 될 뿐만 아니라 집중력을 상실하여 의욕을 잃고 인격 변화가 나타난다. 또한 단기 기억이 손상되고 임무수행능력이 저하되며 과거, 현재, 미래를 혼동하는 인격 해리가 나타나 자신과 환경의 경계를 구별하는 능력이 감소된다. 경계의 상실과 함께 우주와의 일치감을 느껴서 높은 곳에서 뛰어내리는 자살행위도 하게 된다. 심혈관 증상으로 심박동 증가 및 수축기 혈압상승, 결막충혈이 나타난다.

최근의 연구결과, 놀랍게도 인간의 뇌에는 대마초의 주성분인 테트라하이드로칸나비놀이 결합하는 부위인 수용체가 있음이 밝혀졌다. 즉 우리 뇌에 내인성 모르핀이 존재하고 있는 것처럼, 대마초와 비슷한 환각물질이 존재하고 있다는 말이다.

우리 뇌에 존재하고 있는 환각물질의 정확한 정체가 무엇인지는 아직 정확히 밝혀지진 않았다. 그러나 얼마 전, 돼지의 목에서 대마를 피웠을 때와 비슷한 작용을 하는 것으로 보이는 새로운 화학물질이 발견되었다. 이 화학물질은 '행복'이라는 뜻의 산스크리스트어인 '아난다(Ananda)'에서 의미를 빌어 '아난다마이드(anandamide)'라고 부른다. 이는 인간의 뇌에 대마 수용체로 이루어진 신경체계가 존재하고 있다는 증거가 된다.

가끔 우리는 실제로 존재하지 않는 세계를 눈에 그릴 때가 있다. 이때 인간은 현실세계를 벗어나 평소에 경험해 보지 않았던 이상 세계를 상상함으로써 무한한 창조적 생각에 빠질 수도 있다. 어떤 의미에서는 이런 생각이 삶의 청량제가 된다. 그러나 이러한 초현실적인 이상 감각이 자주, 뚜렷이 나타날 때는 병적인 환각이 된다. 이와 같은 환각이 뇌에 존재하고 있는 대마초와 비슷한 신경계에 의해서 이루어진다는 사실을 쉽게 이해할 수 있을 것이다.

이런 환각제 이외의 대마초는 치료제로 사용된 오랜 역사를 지니고 있으며, 그 시기는 중국의 고대까지 거슬러 올라간다. 영국에서는 빅토리아 여왕의 주치의가 대마초를 가리켜 '가장 귀중한 명약 중 하나'라고 하면서 여왕의 생리통 완화제로 처방했다는 기록이 있다.

대마는 또한 화학요법에서 나타나는 구토를 멈추게 하고 후천성 면역결핍증(AIDS) 환자의 식욕을 되찾게 하며 다발성 경화병(多發性 硬化病)의 경련을 진정시키는 작용을 하는 것으로 알려졌다. 이밖에 녹내장 환자에게 안압(眼壓)을 감소시켜 주는 효과도 있다고 한다. 미국이나 유럽에서는 일부 의사들이 통증을 완화시키려고 환자에게 은밀히 대마를 피우게 하는 경우도 있다고 한다.

대마를 피우면 약 6가지 향정신성(向情神性) 물질을 흡입하게 되며 이 물질은 뇌에서 각종 화학반응을 일으킨다.

일부에서는 대마초의 환각 작용과 중독성이 다른 환각제(코카인, 메스암페타민, 헤로인, LSD, 엑스터시, 메스칼린, 실로사이빈)보다 약하기 때문에 환각제에서 제외해야 되며 처벌해서는 안 된다고 주장하기도 한다. 그러나 마리화나가 환각이나 중독 강도는 좀 약하지만 다른 강력한 환각제 중독으로 가는 관문이 되기 때문에 대부분의 학자들은 제외해서는 안 된다고 이야기하고 있다.

만약 인간의 뇌가 마리화나 수용체와 비슷한 물질인 아난다마이드를 어떻게 만들고 이용하는가가 규명된다면 장차 대마를 이용한 신약(新藥)이 많이 개발될 수 있을 것이다. 현재 마리화나 수용체에 작용하는 체중 조절약, 금연 보조제들이 활발히 개발되고 있다.

마약·환각제·알코올·게임 중독의 뇌 메커니즘

아편, 모르핀, 필로폰, 코카인류 환각제, 알코올, 담배, 게임 중독은 같은 뇌 메커니즘에 의해서 보상과 중독이 발생되고 있다. 중독과 보상신경계는 공통적으로 복측피개부위(VTA, ventral tegmental area)에 존재하고 있는 도파민신경세포(뉴런)가 중심에 있으며, 이 뉴런이 주로 아쿰벤스핵(nucleus accumbens)과 전전두엽에 연결된다. 아편계 약물은 편도핵에도 작용하며 알코올은 기본중독보상계 외에도 GABA와 글루탐산 신경전달물질계 뉴런이 많이 있는 대뇌피질, 해마에도 작용한다.

이러한 보상과 중독이 일어나는 중심에 도파민 신경전달물질이 작용하고 있기 때문에 마약, 환각제, 알코올, 게임을 끊게 되면 도파민이 나오지 않아 계속 약을 복용하여 중독 상태에서 헤어 나오지 못한다. 최근 중독 치료제로 도파민 수용체를 부분적으로 자극하는 약물을 쓰면서 서서히 끊는 치료법을 시도하고 있다.

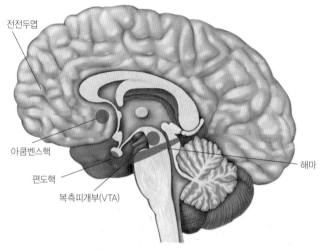

전전두엽

아쿰벤스핵

편도핵

복측피개부(VTA)

해마

마약, 환각제, 알코올, 게임중독 뇌 메커니즘

진정 수면제도 뇌 속에 있다

현재 가장 많이 사용되고 있는 진정수면제는 벤조디아제 핀계(바리움, 리브리움 등)인데, 벤조디아제핀계 진정수면제가 뇌에 들어가서 특이하게 결합하는 수용체 단백질이 발견되 었다. 이 약물이 결합하는 수용체를 벤조디아제핀 수용체라 부르며, 벤조디아제핀 수용체가 우리 뇌에 존재한다는 사실 은 우리 뇌에도 벤조디아제핀과 유사한 구조를 가진 내인성 진정수면제가 존재하고 있다는 의미다.

현재까지 뇌에 존재하고 있는 진정수면제의 확실한 정체는 밝혀지지 않았다. 따라서 뇌를 잘 활용하면 모든 근심 걱정이 사라지고 숙면도 취할 수 있게 된다.

자율신경계(교감, 부교감 신경)의 견제와 균형

골격근은 수의근이므로 팔·다리를 마음대로 움직일 수 있지만, 심장이나 위는 마음대로 움직일 수는 없다. 이들은 모두 자율적으로 움직이기 때문에 자율신경계라고 부른다. 자율신경계에는 교감신경계와 부교감신경계가 있다.

자율신경계는 장기기능을 원만히 조절함으로써 몸속 환경을 일정한 상태로 유지시킨다. 이때 교감신경계와 부교감신경계는 서로 반대 방향으로 작용한다. 즉 어느 한쪽이 장기기능을 부추기면 다른 한쪽은 장기기능을 억누르는 식으로 작용한다. 어느 쪽 작용이 얼마나 우세하느냐에 따라 장기기능이 결정되는 것이다.

교감신경은 심혈관을 자극하여 심장박동과 맥박을 증가시키나 부교감 신경은 심혈관을 억제시켜 심장박동과 맥박을 느리게 한다. 반면 교감신경은 위장관 수축을 억제시키나 부교감신경은 위장관 수축을 증가시킨다. 심장에는 부교감신경보다 교감신경이 더 우세하나 위장관에는 교감신경보다 부교감 신경이 더 우세하다.

교감신경계는 흔히 긴급사태에 대처하여 활동이 활발해진다. 운동을 할 때, 적을 피해 달아날 때, 혹은 목숨을 걸고 싸울 때 교감신경계는 크게 흥분하여 심장박동과 혈압이 올라가고 눈동자는 수축되고 머리카락이 서게 된다. 뿐만 아니라 주위 온도의 갑작스러운 변화, 심한 출혈, 산소 혹은 혈당 등의 부족에 대처하여 광범위한 전신반응을 일으키고 영양분을 신속히 동원하여 격동하는 몸속의 변화를 바로잡게 한다. 여기서는 노르에피네프린(norepinephrine)이 신경전달물질로 작용하고 있다. 이에 비해 부교감신경계는 응급상황에서 과도하게 흥분하거나 억제된 장기를 보호하고 체내의 자원을 유지·회복하는 데 관여하며 아세틸콜린(acetylcholine)이 신경전달물질로 작용한다.

조회시간에 쓰러지거나, 누워 있다가 갑자기 일어날 때 넘어지는 일이 가끔 있다. 노약자들에게서 이런 현상을 비교적 자주 볼 수 있다. 병 때문에 이런 일이 일어나는 경우도 있지만 대개는 혈액의 흐름을 조절하는 자율신경계의 기능 이상에서 오는 경우가 많다.

혈액은 중력의 영향으로 머리에서 다리로 더 많이 내려간다. 정상적인 사람은 다리로 내려온 혈액을 혈관수축을 통하여 머리로 보낸다. 이때 혈관수축을 조절하는 자율신경계, 특히 교감신경계의 반응이 둔화되면 혈관수축이 잘 되지 않아 어지러움을 느껴서 쓰러지게 되는 것이다. 이런 경우를 기립성 저혈압이라고 한다. 혈관 기능이 노화된 노인들에게서 이런 현상을 흔히 볼 수 있다. 때로는 고혈압 환자가 교감신경계의 기능을 억제하는 고혈압 치료제를 복용할 때도 기립성 저혈압이 나타날 수 있다.

뇌는 혈액 공급이 부족하면 의식상실이 올 수 있다. 이때 누워 있으면 중력의 영향이 작아지고 뇌로 혈액공급이 원활해져 의식을 회복하게 된다. 어떤 면에서 어지러움으로 쓰러지는 것은 뇌를 보호하기 위한 방어 작용의 하나로 볼 수 있다.

뇌 | 유전자

신경정신 유전자

화학적으로 고양이 DNA와 인간 DNA를 구분하는 것은 불가능하다. 개구리와 왕자 사이의 차이는 DNA를 구성하고 있는 4개의 염기 배열의 차이에 있다. 4개의 염기는 구아닌, 시토신, 티민과 아데닌이며 보통 첫 자를 따서 G, C, T, A로 나타낸다.

모든 생명체는 네 글자의 배열에 달려 있으며, 이 조그마한 배열의 차이가 큰 변화를 일으킨다. 예를 들면 인간과 침팬지의 구분은 약 30억 개의 염기 중 1%의 차이 때문으로

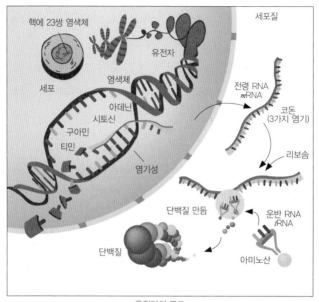

유전자의 구조

알려지고 있다.

유전자(Gene)는 하나의 형질을 만드는 단위를 말하며, 어떤 생명체가 가지고 있는 유전자 전체를 게놈(Genome, Gene+ome)이라 한다. 인간 게놈 지도에 의하면 인간 유전자는 약 25,000~32,000개로 밝혀졌다. 유전자 중에서 핵 바깥으로 정보를 전하는 염기 부분(단백질을 만드는 데 쓰이는 부분)을 "유전정보가 핵에서부터 수출된다(export)."라는 의미에서 엑손(exon), 정보를 전하지 않는 염기 부분은 "사이에 개재하고 있다(intervening)"라는 의미에서 인트론(intron)이라고 부른다. 엑손은 인트론에 의해 여러 부분으로 나누어진다.

유전자에 유전정보를 전하지 않는 짧은 반복서열을 가진 인트론이 존재하는 이유와 인트론의 기능은 아직까지 밝혀지지 않았지만, DNA 구조의 안정화에 기여할 것으로 추측하고 있다.

전령RNA(mRNA)가 DNA로부터 만들어지는 동안 유전정보를 전하지 않는 인트론이 핵 내에 존재하는 효소에 의해 잘려지고, 이어 서로 나누어졌던 엑손이 함께 연결되어 핵으로부터 나오게 된다. 전령RNA가 핵 밖의 세포질 내에 나오면 단백질 제조공장인 리보솜에 붙어서 mRNA의 유전정보(염기배열순서)에 따라 아미노산이 붙게 되고 만들어진 아미노산이 연결되어 단백질을 만든다. 이 과정을 번역(translation)이라 한다. 이렇게 만들어진 단백질의 수와 형태에 따라 세포의 기능이 달라진다.

신체의 모든 세포는 염색체와 같은 DNA 배열, 같은 유전자들을 가지나 유전자의 일부만이 특정 세포에서 발현된다. 모든 인간은 하나의 세포에서 분열되었으며 유전자를 특정 세포마다 다르게 발현되도록 해서 조직과 기관을 만들었다. 그러므로 같은 DNA, 같은 유전자지만 신경세포에서 발현되는 많은 유전자들이 피부세포에서는 발현되지 않는다.

정상과 비정상적인 뇌기능의 유전은 DNA로부터 단백질을 만드는 중간 과정에서 유전정보가 바르게 전달되느냐 그렇지 않느냐에 의해 결정된다.

엡스타인(R, Ebstein)과 벤저민(R. Benjamin) 박사는 제4형 도파민 수용체(D4) 유전자가 탐구성·창조성을 비롯하여 스릴을 좋아하는 성격, 완고하고 신중한 성격을 일부 결정한다는 사실을 밝혔다. 이 유전자의 3번 엑손이 길면 창조성·탐구성이 높고 스릴을 추구하는 성격을 가지며, 짧으면 완고하고 융통성이 없다는 것이다. 이 유전자는 11번 염색체에 있는 것으로 알려졌다. 그러나 성격 유전자는 외부환경과의 끊임없는 교신을 통해서 상당 부분 변화될 수 있다.

제4형 도파민 수용체에 이상이 생기면 조현병이 발생될 수 있고 사고 장애와 환각, 망상이 나타날 수 있으며, 다른 유전자의 관련성에 대해서도 최근 많은 연구가 진행되고 있다. 저돌성과 폭력성은 세로토닌(Serotonin) 관련 유전자가 연관 있다는 연구도 있다. 폭력성이 높은 사람과 자기 자신에 대한 폭력, 즉 자살하는 사람은 세로토닌 관련 유전자의 작용이 낮다는 것이다. 세로토닌 결핍이 과격한 행동을 유발할 뿐만 아니라 병적인 도박을 유발한다는 보고도 있다. 살인자의 뇌에서도 세로토닌 결핍 가능성을 시사하는 증거가 일부 나와 있다.

미국에서는 네덜란드인들이 집단 거주하는 지역에 조울병이 유전적으로 잘 걸린다는 보고와 함께 11번 염색체의 한 유전자에 이상이 있음을 발견하였다. 그러나 이 지역에 사는 조울병에 걸린 네덜란드인 중 일부는 11번 염색체에 이상이 없었다. 이것은 이들이 질병의 다른 형태를 가지고 있거나 다른 유전자에 이상이 있음을 지적한다.

'페닐알라닌(phenylalanine)'이라는 아미노산 대사를 조절하는 페닐알라닌하이드록시라제(phenylalanine hydroxylase) 효소가 결핍되면 뇌 세포에 독을 가진 페닐케톤체가 침착되어 '페닐케톤뇨증'이라는 정신장애를 일으킨다. 그러나 환자에게 페닐알라닌이 함유된 음식을 주지 않으면 증세는 발생하지 않는다.

이처럼 신경정신질환 발생에는 유전적 요소 이외에 환경적 요소가 중요하게 영향을 미치고 있다. 유전자 결함이 있다고 하더라도 환경에 따라 나타나지 않을 수도 있기 때문에 좋은 환경이 뇌 발달은 물론 질병 발생 여부에도 큰 영향을 미친다. 이러한 연구로부터 해당 유전자를 변화시키거나 유전자 산물을 중화시킬 수 있는 약물이 새로운 치료제로 등장하고 있다.

유전자 진단과 치료

1990년, 미국 국립보건원 NIH의 앤더슨 박사 등이 핵산 대사 효소의 하나인 아데노신디아미나제(ADA) 효소유전자의 결핍으로 생기는 중증복합면역결핍(SCID)환자에게 정상 ADA 유전자를 넣어 질병을 최초로 치료하여 큰 반향을 불러일으킨 이래로 많은 질환에서 유전자 치료술이 시도되고 있다.

레시 니한(Lesh Nyhan) 증후군 환자는 손가락과 입술을 물어뜯기 때문에 주치의는 치아를 뽑는 것도 고려하였을 정도다. 당시에는 이 질환의 원인을 이해하지 못했으나 얼마 후 핵산대사효소 유전자의 결함으로 생긴다는 것이 밝혀졌으며, 결함이 일어나 있는 유전자 산물(단백질)도 발견되었다. 그러나 왜 환자가 자신을 물어뜯는 행위를 하는지 밝혀진 바는 없다.

유전자가 분리된다고 해서 모든 질환이 해결되는 것은 아니다. 뇌의 구조와 기능 속에서 해당 유전자를 이해해야 한다. 즉 해당 유전자가 뇌 구조와 기능에 어떤 영향을 미치는지가 밝혀져야 한다.

앞으로 정서장애(조울증과 우울증), 불안(공황, 두려움, 강박증), 사고장애(조현병)와 같은 3대 유전적 정신질환의 유전자들이 밝혀질 것이다. 이런 질환들은 단일 질환이라기보다 유전적으로는 차이가 있으나 상당히 중복되는 질환으로 보인다.

알츠하이머 치매에 관한 유전적 연구는 미래를 기약한다. 21번 염색체의 아밀로이드(amyloid) 유전자가 알츠하이머 치매의 원인 유전자로 알려졌으며, 14번 염색체의 프리세닐린 I(presenilin I) 유전자 결함이 유전적 치매환자(20~30대에 발생)의 50% 이상에서 발생하고, 1번 염색체에 있는 프리세닐린 II 유전자가 유전적 치매 환자의 약 10~20%에서 발생한다. 또한 19번 염색체에 있는 제4형 아포리포 단백질 유전자(ApoE 4)가 알츠하이머 치매 발생을 3배 이상 높여주는 위험 인자로 보고되고 있다.

이렇게 유전자형을 검사하면 치매 발생 가능성을 어느 정도 추정할 수 있지만 반드시 치매가 발생한다는 의미는 아니기 때문에 ApoE 검사도 도움이 되지 않는다. 또한 알츠하이머 치매는 단일 유전자 질환이기보다는 여러 유전자가 관련되어 일어나는 복합 질환군으로 생각된다. 현재까지 '헌팅턴 무도병'이 가장 잘 밝혀졌으며 가장 심하게 장애를 일으키는 뇌 질환으로 알려졌다. 이 병은 4번 염색체에 있는 유전자(헌팅턴 유전자)의 이상으로 발생하며, 일반적으로 염색체 우성으로 유전된다. 이 병도 염기가 많이 증폭된 것이 문제로 지적되고 있다. 정상적으로는 4번 염색체에 시토닌(C)-아데닌(A)-

구아닌(G), 즉 CAG(Glutamine)가 9개에서 37개 정도 발견되나 헌팅턴 무도병 환자에게는 이 반복배열이 37개에서 121개가 발견되었으며 많이 발견될수록 일찍 발병하고 증세가 더 심한 것으로 보고되고 있다. 현재 헌팅턴 무도병은 양수천자를 통하여 얻은 태아 세포에서 유전자 검사를 함으로써 산전 진단이 가능하다. 헌팅턴 무도병을 앓고 있는 환자의 아이들 중 아직 병을 앓고 있지 않은 아이에게 PET(양전자 단층 촬영술) 사진을 찍어서 질병을 일으킬 가능성을 추정할 수 있다. 유약한 X증후군과 헌팅턴 무도병, 척수소뇌운동부조증(6번 염색체 이상), 케네디척수근육위축병(X염색체 이상) 등도 CAG 반복 서열이 많이 나타나고 있다.

수전증, 얼굴 근육마비, 경직된 관절운동 등이 특징적으로 나타나는 파킨슨병에서도 결핍된 도파민을 생성시키는 효소 유전자를 줄기세포나 말초세포에 넣어 인공적인 도파민 생성세포를 만든 후 뇌에 이식해 주는 유전자 치료술이 현재 동물실험에서 어느 정도 성공을 거두고 있다. 앞으로 유전자가 오랫동안 적절하게 발현될 수 있는 기술개발이 이루어진다면 치료가 가능하게 될 것이다.

아들의 지능은 엄마로부터, 모성애는 아버지로부터

'그 아버지에 그 아들'이라는 말이 있다. 아들은 아버지를 많이 닮는다는 말이다. 달리 말하면 아버지의 두뇌가 우수해야 아들의 두뇌도 우수하다는 이야기다. 그러나 최근 호주 헌터유전학연구소 팀의 연구 보고로 최소한 이러한 생각이 일부 바뀌게 되었다. 이 연구 보고는 엄마에게서는 멋진 외모를, 아빠로부터는 뛰어난 두뇌를 각각 물려받은 아들이 태어난다는 것은 잘못이라고 지적하고 있다. 헌터유전학연구소의 터너 박사는 여성의 X염색체에는 중요한 지능 유전자가 있기 때문에 엄마가 아들에게 지능을 물려주는 책임을 지고 있다고 말했다.

남성은 XY 성염색체를, 여성은 XX 성염색체를 가지고 있다. 아들은 어머니로부터 X염색체를, 아버지로부터는 Y염색체를 받는다. 지능을 좌우할 수 있는 하나의 중요 유전자가 X염색체에서 발견되고 있기 때문에 아들 지능의 일부는 어머니로부터 딸 지능의 일부는 양쪽 부모로부터 온다고 할 수 있다. 이때 남성은 X염색체를 하나만 갖고 있기 때문에 염색체상의 유전자가 변이에 의해 영향을 받을 가능성이 훨씬 큰 반면, 여성은 하나의 X염색체가 손상되더라도 다른 X염색체를 활용할 수 있기 때문에 변이에 의해 영향을 잘 받지 않게 된다. 이런 까닭에 남아는 X염색체가 손상 받을 때 낮은 지능을 가질 확률이 여아보다 높고 생존율도 낮다.

모성애도 유전자에 의해서 결정될 수 있다는 사실이 최근에 밝혀졌다. 적절한 모성애를 발휘할 수 있는지의 여부는 유전자에 의해서 결정되며 이 유전자는 아버지에게서 딸에게 유전된다는 사실이 과학 전문지 「네이처제네틱스」에 발표되었다. 생쥐를 통한 실험이었지만 사람도 똑같은 유전자를 가지고 있기 때문에 이것이 손상될 경우 사람의 모성애도 영향을 줄 수 있다고 한다. 이 유전자는 '메스트'라고 불리며, 이 유전자가 변형된 생쥐는 새끼를 낳은 후에 제대로 돌보지 않아 결국 새끼들을 죽게 만들었다.

이로 볼 때 지극하고 순수한 딸의 모성애는 좋은 아버지로부터, 우수한 아들의 두뇌는 좋은 어머니로부터 상당 부분 물려받는다고 볼 수 있다.

뇌를 사용하라

뇌의 가소성

　뇌 운동의 기본 법칙은 몸의 다른 근육에 적용되는 법칙과 비슷하다. 사용하지 않으면 기능을 잃어버린다는 것이다. 뇌는 전기 화학적인 과정을 거쳐 움직이는데, 그 과정에서 기억을 포함한 정보가 신경 세포에서 나뭇가지처럼 뻗어 나온 수상돌기들을 지나간다. 이 수상 돌기들은 자극이 없거나 자주 사용되지 않으면 위축된다. 그러나 뇌를 새롭고 창조적인 방법으로 계속 사용하면, 수상 돌기의 연결점들이 계속 활동하면서 정보가 지나갈 수 있도록 길을 터줄 뿐만 아니라 새로운 가지를 만들어 흥분 전도를 보다 원활히 해준다. 자극에 의해 회로가 치밀해지고 넓어지나 자극이 없으면 회로가 엉성하고 좁아지게 되고 너무 강한 자극이 오랫동안 가해지면 회로가 망가져 다시 엉성하고 좁아지게 된다. 이런 현상을 플라스틱과 같이 크게도 작게도 만들 수 있다는 의미에서 가소성(plasticity)이라 부른다.

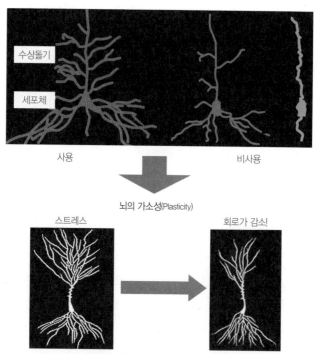

수상돌기

세포체

사용　　　　　　　　　　비사용

뇌의 가소성(Plasticity)

스트레스　　　　　　　　　회로가 감소!

뇌를 혹사하라, 그렇지 않으면 잃어버린다

뇌의 가소성

심지어는 신경세포가 죽더라도 새로운 수상돌기가 만들어지는 경우도 있다. 전문가들은 수상돌기를 자극해서 더 많은 수상돌기가 생겨나도록 하는 방법이 많이 있다고 말한다. 평소에 잘 쓰지 않던 손으로 이를 닦는 등 일상적인 행동에 조금 변화를 주거나, 악기 연주나 외국어를 새로 배우는 것 등이 그런 방법에 포함된다. 그리고 오래전부터 사용되어 온 뇌를 자극하는 방법도 있다. 듀크 대학의 신경생물학 교수인 로렌스 캐츠 박사는 수수께끼나 어려운 문제를 푸는 것은 새로운 수상돌기를 만들어내기 위한 의식적인 노력이며, 잠자고 있는 정보의 통로들을 강화시키는 좋은 방법이라고 조언한다.

뇌는 사용하지 않으면 잃는다

뇌는 적절히 사용하면 할수록 좋아지나 사용하지 않으면 회로는 사라지게 된다. 뇌 부위 간의 상호작용이 끊임없이 일어나서 인간의 인식, 활동과 습관을 형성하게 된다. 심지어 노인이 되어도 뇌는 여러 가지 자극을 받으면 끊임없이 변화한다.

우리는 기본적으로 뇌를 창조하고 있다. 각 개인의 노력과 독특한 인생경험에 따라 신경세포들 사이의 연결은 강화되고 발달되나 어떤 회로는 약화되거나 사라진다. 손가락이 잘라져 사용할 수 없으면 그 손가락을 지배하던 뇌 신경세포들은 약화되고 다른 손가락을 지배하는 신경세포에 합류하게 된다. 이처럼 뇌는 유전적 지시보다는 환경과 노력 여하에 따라 자신의 구조를 역동적으로 재구성하게 된다.

교육과 환경에 따른 신경세포의 활성화

버클리 대학의 마크토젠츠위그 박사와 마리온 다이아몬드 박사는 쥐를 3그룹으로 나누어 실험해 보았다. 첫째 그룹에는 장난감을 넣어주고 쥐 12마리가 같이 지내게 하였다. 둘째 그룹에는 쥐는 장난감을 넣어주지 않고 아주 제한된 공간에서만 지내게 하였다. 셋째 그룹에는 쥐를 보통 상태에서 키웠다. 그 결과 장난감을 넣고 마음대로 놀게 그룹만 뇌의 무게가 10% 정도 증가하였다. 처음에는 대부분의 과학자들이 이 결과를 놓고 반신반의했다. 그러나 같은 증거가 계속 나오면서 이제 대다수의 과학자들이 이 사실을 확신하게 되었다. 이 같은 결과는 가히 놀라운 것이었다. 즉 재미있고 신선한 자극이 뇌의 발달을 촉진한다.

다이아몬드 박사 팀은 늙은 쥐에서도 같은 결과가 나오는 지를 실험해 보았다. 그들은 늙은 쥐 4마리를 젊은 쥐 8마리와 함께 넣고 어떤 결과가 나오는지 관찰했다. 늙은 쥐는 젊은 쥐와 같이 생활하는 것을 즐겼으나 젊은 쥐는 달가워하지 않았다. 젊은 쥐와 함께 사는 늙은 쥐의 뇌 무게는 10% 정도 증가하였으나, 늙은 쥐와 같이 살고 있는 젊은 쥐의 뇌 무게는 증가하지 않았다. 늙은 쥐는 젊은 쥐에게 자극을 받아 뇌의 무게가 증가한 것이다.

죽은 신경세포는 다시 살아날 수 없으나, 뇌신경 세포는 운동하면 근육처럼 커지게 된다. 이때 뇌의 신경세포 성장은 주로 수상돌기에서 일어난다. 즉 자극에 의해서 신경세포가 늘어날 수는 없으나 수상돌기의 가지가 두터워진다. 신경세포의 가지가 증가하고 두꺼워지기 때문에 뇌가 더 커지는 것이다.

뇌의 혹사는 뇌기능을 떨어뜨린다

뇌 세포를 혹사하면 기억력 감퇴, 무력감, 긴장성 두통, 심인성 위장 질환, 고혈압 등의 발생 빈도가 높아진다. 뇌 세포는 일정 이상 지속적인 자극을 받으면 더 이상 반응하지 않는 '불응기'를 가지고 있기 때문이다.

기억력의 가장 큰 적은 뇌 세포의 피로다. 기억 연구로 세계적으로 유명한 도널드 헵 박사는 한참 앞만 바라보고 하루 24시간도 부족함을 느끼면서 일하던 47세 때 심각한 기억력의 감퇴를 경험하였다. 그는 논문을 읽으면서 이 부분을 기록해 두어야겠다고 생각하고 노트를 펼쳐 보니 이미 그 부분이 자신의 글씨로 기록되어 있음을 발견하고 충격을 받았다. 그는 저녁에는 일을 중단하고 쉬면서 영양을 보충한 결과 다시 기억력이 되살아났다.

많은 일을 하고 책임을 맡게 되는 중년이 가장 간과하기 쉬운 것이 바로 이 부분이다. 그들은 과중한 부담 속에서 뇌를 혹사시키고 있다. 따라서 쓸수록 좋아진다고 휴식도 없이 너무 많이 사용하면 뇌는 망가지기 때문에 적절한 정신적 휴식을 취하는 것이 좋다.

휴식이 뇌를 발달시킨다

수험생은 '4당 5락'이라 하여 무조건 많은 시간을 공부하면 뇌가 발달하여 공부를 잘할 수 있다는 잘못된 믿음을 가지고 있다. 그러나 최근 사람과 쥐를 대상으로 한 실험에서 잠을 충분히 자는 것이 기억력을 강화한다는 실험결과가 나왔다. 잠은 피곤한 몸과 정신을 쉬게 해 주는 휴식 시간일 뿐만 아니라 단기 기억을 장기 기억으로 전환시켜 기억력을 강화하는데 아주 유익한 순간이다. 뇌는 외부의 자극이 없는 수면 시간 동안 평소에 익힌 지식이나 기술, 운동하는 방법을 다시 반복 연습해서 기억한다. 그뿐만 아니라 밤에 고갈된 뇌 속의 신경전달물질들을 만들고, 아침에 밥을 먹은 후하루 종일 사용할 신경전달물질들을 많이 준비해 놓는다. 저녁이 되면 신경전달물질이 거의 고갈되어 뇌는 작동이 잘 되지 않아 잠을 자게 된다.

쥐는 낯선 환경에 있을 때 기억 중추인 해마가 활성화되는데 그 후 곧바로 잠을 자도 해마는 계속 활성화된다고 한다. 즉, 쥐는 낯선 환경에 적응하기 위하여 여러 가지 새로운 환경을 기억하는 과정 중에서 기억이 해마에 1차로 저장이 되고 그 후 잠자는 동안 점점 더 강화되어 오랫동안 대뇌에 남는 것이다.

앞에서 이야기 한대로 뇌는 지치면 반응을 하지 않는 불응기가 있는데, 이 불응기는 지친 대뇌 신경세포를 쉬게 해주는 자기 방위 반응이다. 그러므로 수면은 정신이 계속 자극을 받아 피로해지는 것을 막아 주고 단기기억을 장기기억으로 전환시켜주는 중요한 역할을 하기 때문에 충분한 수면을 취하는 것은 지친 뇌 신경세포와 신체를 쉬게 하여 다음 자극에 더욱 효율적으로 대비할 수 있게 해줄뿐만 아니라 기억력을 강화시키는 데 아주 중요하다.

　집중력의 가장 큰 적은 바로 뇌 세포의 피로다. 몸과 정신이 피로해지면 뇌 신경세포의 집중력 조절이 안 되어 잡념이 들고 산만해진다. 오래 걷거나 뛰고 난 뒤 피곤한 다리를 안마하는 것과 마찬가지로 정신과 마음이 피로할 때 휴식을 취하거나 좋아하는 조용한 음악을 들으면서 뇌를 안마해 주는 것이 좋다.

좌뇌와 우뇌 기능

미인을 알아보는 우뇌

거리를 걷다가 미인이 지나가면 자연스럽게 눈에 들어온다. 이것은 우뇌의 이미지력이 찾아내는 것이다. 우뇌는 잠깐 스치는 수많은 인파 중에서 미인을 알아낸다. 우뇌에는 이미지를 금방 알아내는 능력이 있다. 이때 스쳐 지나간 미인의 얼굴을 곧장 이미지로 재현하고 선명하게 떠올려 보자. 걸음걸이까지 떠올려 보자. 이러한 과정이 이미지력을 높이는 트레이닝(우뇌 트레이닝)이 된다.

이러한 '패턴 인식력'은 반복된 훈련으로 단련할 수 있다.

비행기 조종실에는 굉장히 복잡한 계기판과 스위치가 있지만, 계기판 전체를 이미지에 의한 패턴인식 방법으로 보고 조작한다. 마찬가지로 붐비는 거리에서도 특정 이미지를 찾아낼 수 있는 능력은 훈련에 의해 단련된 것이다.

집에서 거실의 화분을 바꾸었을 때, 곧장 알아채는 사람은 패턴 인식력이 단련된 사람이다. 만약 알려줄 때까지 인식하지 못하는 사람은 지금부터라도 이미지 훈련을 하는 것이 좋다. 때로는 자신의 집에서 깜깜한 어둠 속을 거닐어보는 것도 좋다. 의자나 책상이 있는 장소를 이미지하면서 걸으면 이미지력에 적합한 훈련이 된다. 논리적이고 분석적인 좌뇌 발달에만 신경 쓰지 말고 감성적이고 이미지적인 우뇌 발달에도 신경 씀으로써 우리의 생활을 보다 풍부하게 만들 수 있다.

좌뇌와 우뇌를 균형적으로 발달시키는 전뇌 교육

연구자에 따라 약간의 견해차를 보이지만 사람들은 대부분 좌뇌가 발달한 오른손잡이고 대략 10%는 우뇌가 발달한 왼손잡이들이다. 좌·우뇌는 교차되어 내려가기 때문에 방향이 바뀌어 각각 오른손과 왼손을 지배한다. 그러나 아주 어릴 때 좌뇌가 손상을 받으면 우뇌가 우성 뇌가 될 수 있는

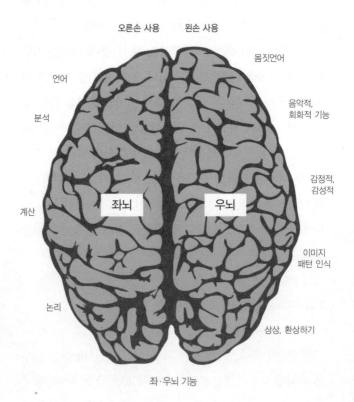

오른손 사용　　왼손 사용

몸짓언어

언어

음악적,
회화적 기능

분석

감정적,
감성적

계산　　좌뇌　　우뇌

이미지
패턴 인식

논리

상상, 환상하기

좌·우뇌 기능

것처럼 한쪽이 손상을 받으면 다른 한쪽이 그 기능을 대신하게 된다.

좌뇌와 우뇌는 서로 다른 점도 있지만 같은 점이 더 많다. 일반적으로 좌뇌는 언어적·수리적·분석적·논리적·이성적이다. 반면 우뇌는 비언어적·시공간적·직관적·감성적이다. 오른손잡이의 90%는 좌뇌가 언어를 담당하지만, 왼손잡이는 70%만 좌뇌가 담당하며 나머지 30%는 우뇌에 언어기능이 있다. 즉 양쪽 뇌에 언어기능이 퍼져 있다.

앞에서 이야기한 것처럼 왼쪽 대뇌 반구가 손상을 입으면 좌뇌에 있는 언어중추 역할을 우뇌가 대신하게 된다. 그러나 벙어리나 귀머거리의 경우에는 좌뇌에 언어 기능이 없기 때문에 언어 기능 대신 시각 정보를 처리하는 곳으로 쓰인다.

뇌는 변화에 민감하게 잘 적응하는데, 개인마다 적응에 차이를 보인다. 일반적으로 왼손잡이가 오른손잡이보다 뇌 손상을 당했을 때 회복이 더 잘 되는데, 그 이유는 오른손잡이는 왼쪽 대뇌에 언어 능력이 있지만 왼손잡이는 언어 능력이 여러 곳으로 흩어져 있기 때문이다. 또 왼손을 쓰게 되면 언어중추가 좌우로 나뉘기 때문에 한쪽 뇌가 손상을 받아도 언어 기능을 어느 정도 유지할 수가 있다. 그러므로 뇌 손상이나 뇌졸중과 같은 비상사태를 대비해서 왼손을 쓰는 훈련을 하는 것이 필요하다.

일반적으로 좌뇌 우세자는 IQ가 높아 암기 과목에 강하고, 우뇌 우세자는 EQ가 높아 예체능 과목에 강하다고 알고 있으나 꼭 그렇지만은 않다. 그러나 분명한 것은 좌뇌와 우뇌를 모두 잘 사용하는 것이, 즉 IQ나 EQ를 다 같이 발달시키는 것이 한쪽 뇌만을 사용하는 것보다 효율적이라는 것은 더 이상 이야기할 필요가 없다.

우리 교육의 70% 이상은 좌뇌 기능 발달과 관련되어 있다. 즉 반뇌(半腦) 교육을 시키고 있는 것이다. 그러나 좌뇌와 우뇌를 균형적으로 발달시키는 전뇌(全腦) 교육이 필요하다. 전뇌를 골고루 개발시키기 위해 우뇌를 발달시키는 방법을 알아보기로 하자.

첫째, 좌우 신체를 균형적으로 사용하도록 노력하자. 뇌에서 손·손가락 등이 차지하는 비율이 높기 때문에 어릴 때부터 놀이를 통해 자연스럽게 왼손과 왼발(왼손잡이인 경우는 오른손과 오른발)을 많이 사용하게 하면 아이의 오른쪽 뇌를 발달시키는 데 도움이 된다.

예를 들어 전화 수화기를 왼쪽 귀에 댄다든지, 왼손을 써서 물건을 집는 훈련을 한다든지, 왼손으로 가위바위보를 하거나, 왼발로 동그라미·네모를 그리거나, 더 발전해 왼손으로 동그라미를 그리면서 왼발로 동그라미를 그려보는 등의 놀이를 하면 된다. 또한 손가락 인형을 가지고 노는 놀이에서도 왼손에 인형을 끼고 노는 것은 오른쪽 뇌의 활성화에 도움을 준다. 이런 놀이를 할 때 아이에게 무리하게 한쪽 손발을 사용하도록 강요하는 것은 의욕을 잃게 해 도리어 역효과를 낳을 수 있으니 주의해야 한다. 특히 왼손잡이인 경우 무리하게 오른손 사용을 강요하면 말더듬이가 된다는 연구도 있다. 자녀가 재미있는 놀이를 통해 좌우 신체를 균형 있게 사용하는 데 자연스럽게 익숙해지게 하고, 그것이 생활화되도록 기다려주는 자세가 필요하다.

둘째로 비논리적인 상상이나 공상 훈련을 해 보자. 때로는 만화에서나 볼 수 있는 상상이나 공상을 해보는 것이 도움이 된다. 어렸을 때는 작은 장난감을 가지고 놀이를 하는데, 어린이들에게는 그 놀이가 현실과 동일시될 정도로 훌륭한 상상력을 발휘한다. 말도 안 되고 비논리적이지만 그것이 사고를 자유롭게 한다. 논리적이지 않다고 무시하지 말고 현재의 지식을 뛰어넘는 사고의 비상을 자주 경험하는 것이 필요하다.

셋째로 감각 훈련을 해보자. 다른 사람과 이야기할 때 논리적인 데만 신경 쓰지 말고 다른 사람의 감정이나 사고방식을 느끼기 위해 상대방과 시선을 마주친다든지, 주위에 있는 색, 공간, 향기, 감정 등에 주의를 기울이는 훈련을 하는 것도 좋다. 여러 표정을 짓는 인물사진의 눈을 가리고 표정을 읽는 훈련도 도움이 된다. 표정을 잘 읽는 사람은 EQ가 발달된 사람으로 대인관계가 좋고 사회에서 더 성공하고 승진을 잘 한다는 보고도 많다.

넷째로 음악이나 미술 감상에 시간을 투자하자. 현대사회는 물질만능 사회로 비논리적이고 감정적인 측면은 무시되고 있다. 이런 점을 보충하기 위해서 우뇌가 주로 작동하는 예능에 취미를 갖도록 시간을 투자하는 것이 좋다.

균형 있는 좌우뇌 사용은 질병 치료에 효과적

최근 미국에서는 뇌를 균형 있게 쓰는 훈련을 함으로써 마음과 육체의 병을 치료하는 방법이 시도되고 있다. 사람들은 직업이나 성격에 따라 한쪽 뇌만을 사용하는 경향이 강하다. 뇌의 편중 사용은 몸의 회복 능력과 균형감을 파괴해 두통, 피로, 불면에 시달릴 수도 있다.

좌뇌를 지나치게 써서 세금을 정산하는 시기만 되면 두통과 턱의 통증, 감기 등에 시달리는 30대 초반의 경리담당 환자에게 의사는 취미요법을 썼다. 의사는 이 환자가 한때 가수가 되려고 음악을 공부했다는 사실을 알아내고 우뇌 사용을 자극하기 위해 음악처방을 내렸다. 환자가 기타와 피아노 등을 연주하는 취미를 갖자 세금을 정산하는 기간에도 고통에 시달리지 않았고 한다.

또한 아이들에게 시달리면서 신경질과 짜증을 많이 내는 여성에게 의사는 자신의 감정에 대해 이야기를 많이 하고, 자신의 문제를 글로 정리하며, 책과 신문을 많이 읽는 등 좌뇌를 많이 쓰도록 하자 질병이 치료되었다.

남자의 뇌, 여자의 뇌

여자가 남자보다 평균 5년 이상 오래 산다고 한다. 여러 이유가 있지만 뇌 차이 때문이라는 설도 있다. 남자와 여자는 우선 염색체의 구성이 다르다. 그러나 염색체의 차이만으로는 남성다움이나 여성스러움을 결정할 수 없다. 남성이 되기위해서는 테스토스테론이라는 남성호르몬 수치가 높아야 한다. 테스토스테론이란 성 호르몬은 호르몬 생산 공장인 뇌하수체 바로 위에 있는 시상하부에서 조절하고 있는데, 이시상하부는 암컷보다 수컷이 더 크다.

스탠퍼드 대학의 러셀 퍼놀드 박사 연구에 의하면, 어느한 수컷이 무리의 우두머리가 될 때 수컷의 시상하부는 커지지만, 다른 수컷에게 지배권을 빼앗기면 시상하부는 작아진다고 한다.

시상하부의 지배를 받는 테스토스테론은 뇌신경계에 다

양한 영향을 미친다. 미국 인디애나 대학의 킨제이연구소 소
장 준 라이니시 박사는 6~10세의 형제 17쌍과 자매 17쌍을
상대로 호르몬과 공격성의 상호관계를 연구한 결과, 스트레
스 상황에서 남자가 여자보다 더 공격적인 대답을 하였다.

최근 많은 연구를 살펴보면 뇌의 왼쪽 반구와 오른쪽 반구
간의 의사소통을 담당하는 두꺼운 신경망인 '뇌량(뇌의 다리)'
은 남자보다 여자 쪽이 더 크게 발달되어 있으며, 여자의 뇌
량이 남자보다 10%쯤 더 두텁고 넓은 것으로 보고되고 있다.
즉 여자가 남자보다 좌뇌와 우뇌를 원활하고 효과적으로 사
용하며 상황을 입체적으로 판단한다.

또한 남자는 언어적 활동을 할 때 좌뇌를 사용하나 여자
는 양쪽 뇌를 동시에 사용하기 때문에 대체적으로 말을 잘하
며, 언어 센터인 측두엽의 신경세포 숫자도 남자가 10% 정도
적다. 따라서 좌뇌와 우뇌가 손상을 입었을 때 여자보다 남자
가 더 큰 타격을 받는다.

남자는 폭력과 관계가 깊은 변연계가 발달되어 있기 때문
에 쉽게 폭력을 행사한다. 그러나 여자는 섬세한 감정 표현과
관계가 깊은 변연계 부위가 발달되어 있어 미세하고 섬세한
감정표현을 잘 한다.

만약 뇌가 손상되면 여자보다 남자에게 언어능력 장애나
공간능력의 장애가 더 잘 나타난다. 즉 남자는 뇌 손상에서

여자보다 타격을 받을 가능성이 더 많기 때문에 남자가 여자보다 오래 살지 못하는 것이다.

뇌와 성

사랑의 묘약

　사랑은 바로 우리의 생명이라고 할 정도로 인간에게 중요하다. 사랑으로 가득 찬 사람은 쉽게 늙지 않고 오랫동안 젊음을 간직할 수 있으나 사랑이 메마른 사람은 빨리 늙어 죽는다는 사실에 많은 학자들이 동의하고 있다. 사랑이 노화를 억제하는 가장 좋은 묘약인 것이다.

　최근 연구에 따르면 사랑에 대한 열정은 뇌에서 유리되는 다양한 신경전달물질에 의해 조절되는 것으로 알려지고 있다. 지적이고 형이상학적인 사랑은 도파민이라는 신경전달물질에 의해 이루어진다. 도파민은 이성과 지성, 창조를 관할하는 신경전달물질인데 도파민 신경계가 발달하면 천재나 영재가 될 수 있고 도파민 신경계에 이상이 생기면 조현병이 발생하는 것으로 알려져 있다.

보다 열정적이고 감정적인 사랑은 '페닐에틸아민(phenylethylamine)'이라는 신경전달물질에 의해 이루어진다고 한다. 뇌에서 페닐에틸아민이 많이 생성되면 사랑의 열정이 증가된다.

엔도르핀(endorphin)은 뇌 속에서 유리되는 모르핀 마약으로 통증을 없애주고 즐거움과 기쁨을 주는 신경전달물질이다. 엔도르핀이 분비되면 사랑을 더욱 성숙하게 만들고, 사랑의 희열을 극대화시켜 주며 지속시켜 준다. 이 물질은 잠시도 가만히 있지 못하게 해주며 마약과 같이 푹 빠지게 하는 격정적인 사랑의 묘약이다. 상사병의 주역인 셈이다. 오랫동안 사랑했던 연인이 죽었을 때 깊은 슬픔과 비탄에 잠기는 이유 중 하나가 바로 엔도르핀 감소 때문으로 알려져 있다.

사랑을 조절하는 또 다른 물질로 옥시토신(oxytocin)이라고 하는 호르몬이 있다. 이 호르몬은 사랑의 감정을 느낄 때 상대방을 안고 싶은 충동을 주는 물질이다. 즉 사랑의 감정을 깊게 해주고 성적인 만족감을 높여 준다.

사랑의 감정은 생물학적으로 볼 때 도파민, 페닐에틸아민, 엔도르핀, 옥시토신과 같은 신경전달물질의 조화로운 작용으로 생긴다고 할 수 있다. 이러한 조화로운 작용이 깨질 때 사랑의 감정은 사라지고 노화가 더욱 빠르게 진행되며, 오래도록 지속되면 사랑의 감정이 충만하여 장수에 이를 수 있다.

아름다운 성

기쁨, 즐거움, 슬픔, 불쾌, 노여움, 두려움 등의 감정은 대뇌변연계의 활동에 의해 일어나며 식욕이나 성욕과 마찬가지로 뇌의 시상하부에서 만들어진다. 이러한 감정이 나타나면 땀을 흘리거나 안색이 달라지거나 거친 호흡 등이 나타난다. 이러한 몸의 변화는 뇌의 지령에 의해, 자율신경이나 내분비의 활동 변화에 의해 일어난다.

이 감정은 오감을 작용시킴으로써 한층 더 육성된다. 반대로 오감 발달이 부족하면 사랑 받기만을 기다릴 뿐 주는 사랑을 모르는 인간이 되고 만다.

우리는 오감 발달을 통해 눈으로 직접 보고 귀로 살아 있는 소리를 들으며 손으로 직접 만져 보고 주위의 냄새를 맡으며 맛을 보게 된다. 오감을 모두 동원하여 교감을 하는 것이다. 이것은 남성과 여성이 서로 사랑하는 감정을 느낄 때도 마찬가지다. 먹는다, 섹스한다, 누군가와 함께 있고 싶다는 욕구가 충족되면 사람은 쾌감을 느끼며 반대로 욕구가 충족되지 못하면 불쾌해진다. 이것이 본능적 쾌감 원칙이다. 누구나 쾌감 원칙이 충만 되면 즐겁고 아름다워진다. 사랑하고 있을 때 여성이 여성스럽고 더욱 아름다워 보이는 것은 쾌감 원칙이 그녀 안에서 성숙되었기 때문이며 남성에게도 똑같이 나타난다.

뇌의 혹사와 성

발기 불능자를 '임포텐츠(Impotenz)'라 한다. 성기가 발기하는 것은 뇌 활동과 크게 관련이 있다. 한창 일할 나이의 관리직 사원이 정신적 임포텐츠를 호소하는 것도 그 때문이다. 임포텐츠를 호소하는 사람은 고령일수록 증가되지만, 그 중 70% 이상이 뇌 활동과 관계된 심인성(心因性)이다. 또한 최근에 크게 늘어나고 있는 것이 컴퓨터 기술자나 OA기기를 취급하는 남성사원의 테크노 스트레스로 인한 임포텐츠다.

발기가 되지 않는 것이라면 좀 덜하겠지만, 성욕 자체가 없어지면 문제는 심각하다. 왜냐하면 성욕 상실은 삶의 의욕마저 빼앗아 버리기 때문이다.

성 중추는 대뇌 변연계의 시상하부에 있다. 수컷 쥐를 이용한 실험에서 대뇌 신피질을 말끔하게 제거했더니 성 중추를 건드려도 성행위가 일어나지 않는다. 원숭이나 사람 등 고

등영장류의 경우에는 신피질계가 더 발달되어 있으므로 더욱 복잡해진다. 원숭이의 경우 대뇌 신피질을 제거한 뒤 성중추에 전기 자극을 가해도 반응이 없지만, 암컷 원숭이를 데려오면 성행위를 시작한다. 이것은 대뇌 변연계가 성행위를 촉구하기 때문이다. 인간도 인간성 기능을 관장하는 전두엽에 장애가 있으면 기묘한 성행위를 하는 경우가 있다. 오래된 뇌의 성 중추와 전두엽과의 긴밀한 연계 작용이 있을 때 비로소 성욕이 발동되기 때문이다.

테크노 스트레스가 쌓이면 전두엽이 지치고 성 중추와의 연계작용에 틈이 생기면서 성욕을 떨어뜨리기 때문에 임포텐츠가 생긴다. 그런 사람에게 필요한 것은 비아그라와 같은 약품이 아니다. 성을 즐길 수 있는 뇌가 필요할 뿐이다. 그리고 일손을 멈추고 뇌를 휴식시켜 주어야 한다. 그 결과 사랑의 교감이 회복되면 뇌는 그만큼 활성화되어 성욕이 생기고 다시 일로 복귀했을 때 더욱 열중할 수 있게 된다.

뇌가 면역기능을 조절한다

스트레스는 만병의 원인

현대 사회에서는 여러 가지 스트레스가 사람들을 괴롭히고 있다. 스트레스에 대한 생체 반응은 모두 뇌 조절 아래에 있다. 최근에 발견된 중요한 사실은 뇌가 말초 신체장기들뿐만 아니라 면역계도 조절하고 있다는 점이다. 즉 뇌가 면역계를 조절하며 면역계의 활동이 질병 발생에 중요한 영향을 미친다는 사실이다. '신경정신면역학'이라는 새로운 연구 분야가 크게 각광받고 있다.

뇌는 스트레스를 받을 때 에피네프린(epinephrine)과 노르에피네프린(norepinephrine)이라는 신경전달물질을 유리시켜 심장을 더 빠르게 뛰게 하고 말초 혈관을 수축시켜 혈압을 상승시킨다. 즉, 심장병과 고혈압을 발생시킬 수 있다.

건강한 신체에 건강한 마음이 깃들고 건강한 마음에 건강한 신체가 유지된다는 말은 만고불변의 진리다. 마음과 신체의 연결은 일방통행이 아니라 쌍방통행이다. 여러 가지 정신적 위기 상황에서 다양한 신체적 질병이 생긴다. 신체적 질환에서 질병에 걸렸을 때 이기고자 하는 강인한 정신력이나 마음의 힘을 강화시키면 암과 같은 불치의 병에서 기적적으로 회복되는 경우도 볼 수 있으며 노화 과정을 지연시킬 수도 있다.

암으로 변할 수 있는 세포는 항상 우리 체내를 돌고 있으나 건강한 사람은 면역계가 작동하여 이 세포들을 제거하기

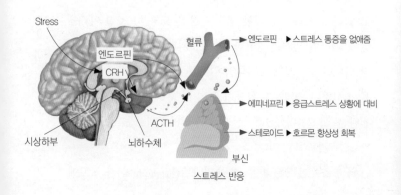

Stress

엔도르핀
CRH

혈류 → 엔도르핀 ▶ 스트레스 통증을 없애줌

→ 에피네프린 ▶ 응급스트레스 상황에 대비

ACTH

→ 스테로이드 ▶ 호르몬 항상성 회복

시상하부   뇌하수체

부신

스트레스 반응

때문에 암에 걸리지 않는다. 그러나 어떤 요인들이 우리 뇌를 통해 면역계의 기능을 억제시키면 암화 세포들이 암을 형성하게 된다. 실제로 자기 자신의 신념이 강하고 내적 통제력이 높은 사람은 뇌로부터 스트레스 호르몬 유리가 낮고, 낮은 사람은 스트레스 호르몬 분비가 높다는 사실이 밝혀졌다. 즉 긍정적이며 신념이 강하고 내적 통제력이 높은 사람은 면역력이 높아 각종 질병에 대한 저항력이 강하다는 말이다.

최근 연구 결과, 명랑하고 밝은 감정을 가진 사람은 우울하고 어두운 감정을 가진 사람에 비해 질병에 훨씬 덜 걸리고 오래 산다는 사실이 의학적으로 입증되었다. 행복한 생각은 좋지 않을 일도 좋은 기분으로 받아들일 수 있게 하며, 뇌의 흥분 신경계(긍정적)를 자극하고 억제 신경계(부정적)는 억제시켜 근육의 긴장을 풀어주고, 과민한 신경을 완화시키며 혈압을 정상화시켜 결과적으로 일의 효율성을 높여 준다. 즉 낙관적 사고는 자신의 건강에 유익할 뿐만 아니라 좋은 결과를 얻는 데도 훨씬 유리하다. 이와 같이 뇌를 어떻게 사용하느냐에 따라 우리의 건강이 크게 좌우된다.

노인성 치매

알츠하이머병(alzheimer's disease)이라고 하는 노인성 치매 질환은 인류가 당면할 최대의 보건 문제로 등장하고 있다. 미국에서는 이 질환으로 인한 환자가 580만 명 이상이며 성인 사망률 6위를 차지하고 있다. 또한 65세 이상 노인 환자의 약 10%, 85세 이상 노인 환자의 약 50%가 이 질병을 앓을 가능성이 있는 것으로 알려지고 있다. 제2차 세계대전 당시 많은 사람에게 사랑을 받았던 여배우 리타 헤이워드(Rita Hayworth)도 이 병에 걸려 3년 동안 침대에서 움직이지도 못할 정도로 비참하게 살다가 사망했다. 최근에는 레이건 전 미국 대통령과 대처 전 영국 총리도 이 병에 걸려 전 세계인을 안타깝게 하였다. 국내에서도 65세 이상의 약 10%인 57만 명이 치매를 앓고 있으며, 10년 후에는 100만 명을 돌파하여 암환자보다 많아지리라 보고되고 있다.

그 원인은 다양하며 알츠하이머병과 중풍의 후유증으로 발생하는 혈관성 치매가 가장 많다. 질환 초기에는 경미한 기억력의 감퇴로 시작하지만 조금 더 진행되면 주소나 전화번호를 잊어버릴 뿐만 아니라 평소에 잘하던 계산이나 셈도 못하게 되고 자기 자신이 누구인지도 모를 정도로 뇌의 고등 정신 기능이 감퇴한다.

옷을 입는 방법, 밥 먹는 법, 계단을 올라가는 방법과 같은 일상생활을 영위하는 방법도 잊어버리기 때문에 어린이와 마찬가지로 하나하나 다시 가르치며 반복 연습을 시켜야 한다. 조금만 부주의하면 언제 사고를 당할지 모른다.

심한 경우에는 대소변을 가리는 법도 잊어버리는 경우도 허다하다. 조그마한 일에도 감정적으로 되어 서운해 하거나 잘 흥분해서 주위 사람들과 자주 불화를 일으키기도 한다.

이 질병에 걸리면 환자보다 환자를 돌보는 가족이 더 많은 고통을 받는다. 환자 혼자서는 꼼짝할 수도 없기 때문에 가족이 교대로 환자에 매달려야 한다. 이런 이유로 노인성 치매는 '가족을 황폐화시키는 질환' '세기의 질환'이라고도 불리고 있다.

현재까지의 노인성 치매 연구 결과로는, 뇌 조직에 '베타'나 'C단아밀로이드' '과인산화 타우 단백질'이라는 잘 녹지 않는 독성 단백질 조각들이 세포 안과 바깥에 쌓여 뇌신경세포를 죽임으로써 발생된다고 알려지고 있다. 이러한 독성 단백질들이 어떤 이유로 뇌 조직에 광범위하게 생성되어 침착하는가를 밝히는 것은 가장 중요한 연구의 초점이 되고 있다.

노인성 치매 치료 방법으로는 기존에 알려지지 않은 약물로 치료하는 방법이다. 그것은 한약재에서 C단 단백질과 베타아밀로이드 형성이나 독성을 억제하는 성분을 찾는 것으로 현재 저자가 '오수유'라는 약초에서 추출한 DHED가 기대되고 있다. DHED는 기억능력 개선과 더불어 베타와 C단 단백질, 과인산 타우 독성을 억제하는 것은 물론 뇌혈류 개선 효과도 갖는 것으로 동물실험에서는 이미 입증되었다. 이 것이 사람의 임상실험에서도 좋은 효과를 나타낸다면 앞으로 치매 예방 및 치료에 상당히 기여할 것으로 보인다.

최근 저자는 성체줄기세포의 일종인 지방줄기세포가 치매 모델 동물에서 예방과 치료효과가 있음을 학계에 처음으로 보고하였다. 앞으로 환자에게 효과가 입증된다면, 치매예방 과 치료에 큰 혁명이 일어날 것이라 전망하고 있다.

노령 인구의 증가가 치매환자 증가에 중요하게 작용하지만 이외에 날로 증가하고 있는 스트레스와 공해, 그리고 환경오 염, 고혈압이나 당뇨병 같은 성인병의 증가, 알코올을 위시한 각종 약물 남용 등이 뇌신경세포의 파괴를 촉진시켜 치매가 증가되고 있는 것 같다.

네덜란드 에라스무스 의과대학 연구진은 학력이 낮은 사 람들이 상대적으로 알츠하이머병에 더 많이 이환되고 있음 을 발표했다. 연구진은 22세 이상 성인 7,500명을 대상으로 치매 증상 유무를 조사한 결과 470명의 치매 환자를 발견하 고 그들 중 학력이 낮을수록 알츠하이머치매가 많이 발생했 다고 보고하였다.

1993년 1월에 미국 캘리포니아 샌디에이고 대학의 로버트 카츠만 박사는 중국 상해에서 554명의 노인성 치매 환자를 대상으로 '교육 정도가 치매 발생에 미치는 영향'에 대한 연구 결과를 발표하였다. 카츠만 박사는 교육 수준이 낮을수록 치매 발생이 증가한다는 사실을 보고하면서 중학교 이상의 교육을 받은 사람이 교육을 전혀 받지 않은 사람에 비해 노인성 치매 발생이 4~5년 지연될 수 있다고 주장하였다.

그러나 다른 연구에서는 교육 정도가 치매 발생에 직접 영향을 미치는 것이 아니라 일부 영향을 미칠 수 있음을 보고하고 있다. 높은 교육 수준을 가진 사람들에 비해서 낮은 교육 수준을 가진 사람들은 의료 수혜에 접근할 기회가 적고 영양이나 수입도 상대적으로 적을 가능성도 많기 때문에 여러 가지 만성병에 걸릴 가능성이 그만큼 높다. 그 결과로 노인성 치매에 걸릴 가능성이 높아진다는 것이다. 이런 주장도 있지만. 많은 학자들은 교육 정도가 높을수록 치매 증세가 가볍게 나타나며 교육 수준이 낮을수록 인지기능의 장애가 더 심하게 나타난다고 생각하고 있다. 인간의 뇌신경세포는 지적인 자극이 가해지면 신경 전도가 일어나는 신경가지가 두꺼워지고 회로가 넓어진다. 따라서 신경 흥분이 가해졌을 때 회로는 막힘없이 원활하게 신경 흥분을 전도할 수 있다. 교육을 받을수록 뇌의 지적 용적이 커지는 것은 사실이기 때문에 치매 증세가 늦게 나타나거나 가볍게 나타나는 것이 당연하다.

신경 독작용을 가진 베타 또는 C단아밀로이드 단백질 과

인산타우 단백질 조각에 의해 일부 신경세포가 망가져서 기능이 상실될 때 기능이 남아 있는 신경세포에 적절한 자극이 계속 가해지면 신경 기능의 일부는 살아있게 될 뿐만 아니라 교육에 의해 남아 있는 뇌기능이 더 크기 때문에 치매 증세의 일부는 완화되거나 악화되는 것을 어느 정도 지연시킬 수 있다. 본 저자가 우리나라 한방 천연물에서 분리 추출한 BT-11은 베타와 C단 단백질의 독성과 생성을 저하시키고 기억력을 증가시키는 효능을 가지고 있는 것으로 밝혀져 식약청 허가를 받고 우리나라에서 시판되고 있다(Brain 300).

나이가 들수록 육체적·정신적으로 자극 없이 조용히 지내는 것은 좋지 않다. 특히 주위로부터의 격리, 일로부터의 격리, 움직이지 않고 대접받으려는 자세가 뇌신경세포의 원활한 활동을 방해하기 때문에 치매 발생을 촉진할 수 있다.

더욱더 적극적으로 사회에 봉사하고 폭넓은 인간관계를 유지하면서 하루 1시간 이상 독서나 사색 같은 지적 활동을 증가시키거나, 두뇌를 비교적 많이 사용하는 바둑이나 장기를 두는 것이 좋다. 젊은 때와 달리 기억을 자주 잊어버리더라도 반복해서 기억하도록 노력할 필요가 있다. 신체를 매일 운동시키는 것처럼 두뇌도 매일 1시간 이상 운동시키는 것이 치매 발생이나 증세를 완화시킬 수 있다.

건망증과 치매는 다르다

젊어서 건망증이 심하면 늙어서 치매가 될 가능성이 높을까? 의학적 결론은 "아니다."이다. 건망증과 치매는 뇌에서 작용하는 과정이 전혀 다르다. 건망증은 집중력이 떨어지거나 이해보다는 암기 위주의 학습처럼 동시에 여러 가지 자극을 뇌에 입력할 때, 들어온 자극 정보가 단기기억에서 장기기억으로 견고하게 저장이 되지 않아 생긴다. 그러나 치매는 여러 가지 원인 때문에 뇌의 신경조직이 망가지는 병이다.

인간의 뇌 속에는 태어날 때부터 수천억 개의 신경세포가 존재한다. 신경세포는 더 만들어지지 않고 20세를 넘기면 하루 수만 개 이상씩 파괴된다. 정상인은 늙어 죽을 때까지 신경세포가 부족하지 않지만 치매 환자는 신경세포가 대부분 망가져 기억이나 판단에 장애가 생기는 것이다.

건망증은 비교적 짧은 시간에 앞서 일어난 일을 기억하지 못하는 것을 말하는데, 건망증에 걸리더라도 사회생활을 하는데 필요한 사실은 잘 기억한다. 그러나 치매 환자는 최근의 기억 소실이 더 심하고, 옆에서 말해 주더라도 기억을 되살리지 못한다. 기억뿐만 아니라 인식이나 판단능력에도 문제가 생긴다.

자칫 치매의 초기 증상을 건망증으로 잘못 이해하는 수도

있다. 40~50대 이후 갑자기 기억력이 빠른 속도로 감퇴하거
나 인식 능력까지 떨어지면 치매를 의심하고 전문의의 진료
를 받는 것이 좋다. 건망증을 극복하려면 여러 가지 일을 한
꺼번에 진행하지 말고 한 가지씩 집중해야 한다. 계획이나 약
속은 반드시 메모하는 습관을 기른다. 또 뇌를 혹사했을 때
는 휴식을 취한다. 일이 없어 한가할 때는 뇌에 적당한 자극
을 주기 위해 독서나 바둑 등 오락을 즐기는 게 좋다. 알코
올은 뇌 세포의 파괴를 촉진시키므로 술을 줄이거나 끊어야
한다.

치매 예방법

　동서양을 막론하고 치매 환자 중 60~70%는 알츠하이머병
이이며, '혈관성 치매'가 다음으로 많아 약 20% 내외를 차지
하고 있다.
　알츠하이머치매 환자를 보살피기 위해서 미국에서는 매년
1천억 달러(110조 원)라는 천문학적인 돈을 사용하고 있다. 현
재 알츠하이머병의 근본적인 치료법이 없기 때문에 지금보다
발병 시기를 5년 정도 지연시킬 수만 있다면 환자 개인이나
가족이 받는 고통도 상당히 줄어들 수 있고 매년 5백억 달러
(55조 원) 이상의 경비를 절감시킬 수 있다.

그러면 어떻게 치매 발병을 지연시키거나 예방할 수 있는가를 살펴보자.

첫째, 나이가 들수록 책을 읽고 쓰고 이야기하는 등의 지적 활동을 증가시키는 것이 치매 예방과 발병 지연에 도움이 된다. 뇌신경세포 회로는 지적인 자극이 가해지면 두꺼워지고 회로가 새로 만들어지기도 하기 때문에 설사 치매에 의해 뇌신경세포가 상당 부분 망가진다 해도 남아 있는 신경세포 회로가 발달되어 망가진 뇌기능의 일부를 보상할 수 있다. 그 결과 기억기능, 인지기능 등의 소실이 잘 나타나지 않아 상당 기간 치매 발병이 지연될 수 있다.

치매는 교육 정도가 높을수록 머리를 많이 쓰는 사람일수록 잘 나타나지 않거나 아주 경미하게 나타나며, 반면 교육수준이 낮거나 머리를 잘 쓰지 않는 사람일수록 빨리 나타나거나 뇌기능의 장애가 더 심하게 나타난다.

미국의 헨리포드 건강 연구소 코페이 박사팀은 66세부터 90세까지 노인 320명을 대상으로 자기공명영상(MRI) 실험을 했는데, 16년 동안 교육을 받은 사람들이 4년 동안 학교 교육을 받은 사람들보다 뇌에 8~10% 가량 주름이 더 형성된 것으로 보고하였다. 코페이 박사는 "사람들의 두뇌는 성인이 되면 10년마다 2.5% 줄어든다."라며, "고학력자의 두뇌는 평균보다 빨리 수축하지만 기억력의 감퇴는 훨씬 느린 것으로 나타났다."고 덧붙였다.

둘째, 몸을 열심히 움직이거나 운동을 하는 것이 좋다. 손발을 움직여 일을 하거나 운동을 하면 뇌로 가는 혈류가 증가되고, 말초신경을 따라 두뇌에 자극이 전달되어 신경세포가 발달하게 된다. 걸어 다니거나 계단을 걸어 올라가는 것 같은 체중부하 운동이 특히 두뇌에 자극이 되어 치매에도 좋을 뿐만 아니라 노인들에게 잘 생기는 골다공증에도 좋다. 이런 의미에서 춤추는 것도 큰 도움이 된다.

최근 미국의 스미스 박사 팀은 치매 환자 126례, 정상인 247례에 대해 현재까지의 운동력을 조사했다. 그 결과 신체운동이 적었던 군은 많았던 군에 비해 알츠하이머 치매 발병률이 약 3.5배 높았다고 보고했다.

셋째, 격리는 피하고 사람들과 자주 접촉하고 봉사활동을 하는 것이 좋다. 인간에게 가장 좋지 않은 최고의 스트레스는 혼자 따로 격리되어 있는 것이다. 명예퇴직이 증가하는 요즘 일로부터, 사회로부터, 가정으로부터의 격리는 두뇌건강에 특히 좋지 않다. 격리는 육체적·정신적인 자극을 제거해 버리기 때문에 뇌신경회로의 퇴화를 촉진하며 결과적으로 치매 발병을 증가시키고 발병 나이를 앞당긴다. 나이가 들수록 이러한 격리를 피하기 위해 더욱 적극적으로 사회와 가정에 봉사하고 양반처럼 대접받으려는 자세를 버려야 한다.

넷째, 긍정적이고 낙관적인 사고를 해야 한다. 긍정적이고 낙관적인 사고는 감정의 뇌를 자극하여 이성의 뇌와 기억의 뇌를 활성화시키기 때문에 뇌기능과 기억을 증가시킨다. 나이가 들수록 젊은이들과의 접촉 시간을 늘리고 젊은이들의 사고를 긍정적·낙관적으로 받아주고 젊은 생각을 갖도록 노력한다면 뇌신경회로를 활성화시킬 수 있다.

다섯째, 음식물은 30번 이상 씹어 먹어야 한다. 음식물을 오래 씹을수록 기억중추인 해마가 두터워져 기억력이 올라가고 치매발생이 줄어든다. 따라서 치아가 빠진 노인들은 보철을 하는 것이 좋다.

여섯째, 좌뇌·우뇌를 골고루 잘 사용하는 것이 치매 발생을 줄이는 데 좋으며, 양손을 모두 사용하는 것이 도움이 된다.

일곱째, 두뇌 손상을 조심해야 한다. 치매위험 인자 가운데 '두뇌 손상'이 자주 지적된다. 미국 북부 맨해튼 지역 노인들을 대상으로 역학 조사한 결과 의식상실이 동반된 두부 손상은 노인성 치매의 위험 인자가 될 수 있음이 밝혀졌다. 또 다른 조사에서도 10년 전에 입은 심한 두부 손상이 위험 인자가 된다는 사실이 밝혀졌다. 따라서 두뇌 손상을 입지 않도록 조심해야 한다.

여덟째, 알코올과 흡연을 조심해야 한다. 알코올은 뇌신경 세포를 마취시켜 사멸을 촉진시키기 때문에 자주 반복적으로 과음하는 것은 피해야 한다. 또한 흡연도 치매 발생을 증가시키기 때문에 담배를 끊는 것이 필수적이다.

아홉째, 식사량을 유지하고 질 높은 식사를 해야 한다. 노년기에 접어들수록 근력이 약해져 덜 움직이게 되고 입맛도 떨어져 섭취하는 에너지가 줄어들게 된다. 결과적으로 덜 움직이고 덜 먹는 악순환이 되풀이된다. 또한 소식(小食)하면 장수한다는 말에 더욱 덜 먹는다. 그러나 덜 먹으면 신경전달물질 생성이 줄어들어 뇌기능이 떨어질 수 있다.

쥐의 실험에서는 소식이 장수한다는 보고가 많으나 원숭이 실험에서는 큰 차이가 없는 것으로 보고되고 있다. 실제로 장수자들을 조사해 보면 평균보다 체중이 조금 높다. 즉 당분과 단백질과 지방은 뇌기능, 뇌 세포 신호전달 기능에는 필수적이다. 노인일수록 여러 가지 영양소의 결핍이 잘 일어나기 때문에 균형 있는 영양섭취가 치매예방에도 무엇보다 중요하다.

우울증의 정체

우울증은 가장 흔한 정신과적 질환으로 인구의 1~5% 정도에서 발생한다. 일반적으로 외적인 자극으로 인한 반응성으로 생기는 일시적인 우울증은 극히 정상적이이지만, 특별한 이유 없이 생기는 상황에 맞지 않는 정신병적 우울증이 문제다.

우울증 환자의 90% 이상에서 우울정서가 나타나며 일상적인 관심과 흥미가 상실되고 식욕이 감퇴하며 열등감·절망감에 사로잡혀 자살충동까지 느끼게 된다. 일반적으로 우울증 환자 5명 중 4명은 자살을 생각하며 6명 중 1명은 실제로 자살을 시도한다.

또한 인지기능의 장애 및 사고의 장애도 나타나며, 자신감 결여, 장래에 대한 걱정, 사회적 지위에 대한 절망감, 이유 없는 죄책감, 망상 등도 나타난다.

조현병과 마찬가지로 우울증의 근본적인 원인은 아직 충분히 밝혀지지 않았지만 유전적 요인, 신경생화학적 요인, 심리적·환경적 요인이 복합적으로 관여하는 것으로 알려지고 있다.

지금까지 연구된 바에 의하면 우울병은 노르에피네프린 신경계와 세로토닌 신경계의 기능 부조화 때문에 생기는 것으로 보고되고 있다. 즉 두 신경계 중 어느 한 신경계의 기능을 올려주면 90% 이상에서 우울병이 완화될 수 있다.

두 신경계 중 특히 세로토닌 농도의 저하 또는 기능의 저하는 우울·자살·공격성·불안·과식증 등 정신병 증세와 관련이 있다. 실제로 이 신경계의 기능을 증강시켜 주는 특이 세로토닌 재흡수 억제제(SSRI), 최근에 새로이 개발된 여러 종류의 약물, 기존의 삼환계(三環系) 약물이나 단가아민 산화효소 억제제를 투여해 주면 우울증의 근본 증세는 상당 부분 호전될 수 있다.

보통 여성이 남성보다 세로토닌 합성률이 낮으며, 세로토닌 전구물질인 트립토판이 부족하면 세로토닌 합성이 감소한다는 사실 때문에 우울증이 많이 발생한다. 또한 심한 스트레스 상황에서 세로토닌의 양이 증가하기 때문에 우울증이 여성에게 많이 발견된다.

한 그릇의 쌀밥이나 콘플레이크 같은 탄수화물 음식은 사람의 기분에 영향을 미칠 수 있는 것으로 알려지고 있다. 더군다나 우울증에 빠져 있는 경우에는 탄수화물 음식이 도움될 수 있다.

탄수화물이 풍부하고 단백질이 적게 함유된 음식은 췌장으로부터 인슐린 호르몬 분비를 촉진시킨다. 이 인슐린 호르몬은 간이나 근육의 아미노산을 혈액으로 내보내는데 이때 나오는 트립토판이라는 아미노산은 뇌혈관 장벽을 통과해 뇌신경세포에 들어가 세로토닌을 만드는 원료로 사용된다. 세로토닌 신경전달물질은 감정과 행동을 조절하는 중요한 물질이기 때문에 앞에서 이야기한 바와 같이 부족하면 우울증이 발생하고 과할 때는 환각과 기분의 상승, 쾌락 및 진통

효과가 나타난다. 또한 탄수화물 음식은 월경의 통증으로 고생하는 여성에게도 우울, 통증, 긴장이나 화를 줄여주는 데 효과가 있다. 이런 종류의 탄수화물 음식으로 쌀, 말린 과일, 과일주스, 콘플레이크, 마카로니 등이 있다. 반면 단백질이 많은 음식을 섭취하면 여기에서 생긴 많은 아미노산은 트립토판이 신경세포 속으로 흡수되는 것을 방해하며 세로토닌이 적게 만들어져 기분 상승효과가 적어진다. 따라서 음식을 균형 있게 조절하여 먹는 것이 중요하다.

담배를 즐기던 골초가 담배를 끊거나, 마약 복용자가 약을 끊거나, 하루에 여러 잔의 커피를 즐기던 사람이 커피를 중단하면 불안해지고 일이 손에 잡히지 않는 등의 금단 현상이 나타난다. 이와 같은 금단 현상은 권력의 자리에 오래 앉아 있던 사람이 갑자기 그 직을 내놓고 야인으로 돌아갈 때도 비슷하게 생길 수 있다. 대통령, 총리 등 최고 권력을 누렸던 사람들이 퇴임 후에 우울증을 앓게 되는 경우가 많다. 과거 프랑스 총리를 지냈던 피에르 베레고부아는 권총으로 자살하였다. 그는 철도수리공 출신으로 온갖 어려움을 물리치고 총리가 되었을 때 인간 승리의 주인공으로 찬사를 한몸에 받았다. 그러나 권력의 화려함과 명예가 사라지고 다시 젊었을 때의 비참한 신분으로 돌아갈지도 모른다는 생각이 금단 현상을 더욱 악화시켜 자살의 길을 택한 것으로 볼 수 있다. 실제로 그는 자살하기 얼마 전부터 심한 우울 증세를 보였다고 한다. 외형적인 신분의 높고 낮음에 최고의 가치를 부여했던 사람들은 급격한 신분 변동에 큰 스트레스를 받아 쉽게 우울증에 빠질 수 있다.

권력의 화려함과 같은 외면가치에 대한 말초적 반응은 변연계(감정 중추)에서 일어나지만 내면 가치에 대한 반응과 사려 깊은 행동은 최고 중추인 연상피질에서 일어난다. 따라서 연상피질을 원활히 자극할 수 있는 사려 깊은 행동과 강인한 적응력을 갖추도록 훈련하는 것이 중요하다. 일단 우울증이 나타나면 전문적인 약물 치료를 받는 것이 필수다.

대뇌는 전두엽(이마엽) 앞부분이 크게 발달되어 있다는 점에서 다른 동물의 것과 다르다. 그런데 이 부분은 고등정신 기능 중에서 목적 지향적인 사회 행동 및 감정적·본능적 행동을 제어하는 기능을 가지고 있다. 이 부위가 제거된 사람은 집중하는 능력이 떨어지고 생각에 두서가 없으며, 의무도 잊고 남의 입장을 이해하지 못하여 도덕적인 면에 무관심해지는가 하면, 경망하고 유치한 농담을 지껄이고 중대한 일을 대수롭지 않게 처리하기도 하며, 주위가 산만하여 어떤 확고한 계획에 따라 행동하지 못하고 그저 되는 대로 자극에 따라 행동한다. 그러나 기본 지능이나 생각하는 능력은 크게 손상 받지 않는다. 과거에는 정신병 치료를 위해 전두엽 절제

술을 사용하였지만 지금은 거의 시행하지 않는다. 현재는 전두엽에서 도파민과 세로토닌 신경전달물질계의 균형이 깨져서 조현병이 발생하는 것으로 생각하고 있어, 두 신경계의 균형회복에 작용하는 약물을 쓰면 70~80% 이상 호전되기 때문에 전문의의 치료를 받는 것이 아주 중요하다.

참고 문헌

서유헌,『신경전달물질』, 민음사, 1992.

_____,『두뇌장수학』, 민음사, 1996.

_____,『바보도 되고 천재도 되는 뇌의 세계』, 중앙교육연구원, 1997.

_____,『잠자는 뇌를 깨워라』, 평단 문화사, 2000.

_____,『천재 아이를 원한다면 따뜻한 부모가 되라, 문학과 의식, 2001.

_____,『나는 두뇌 짱이 되고 싶다』, 랜덤하우스중앙, 2005.

_____,『머리가 좋아지는 뇌 과학 세상』, 주니어 랜덤하우스, 2008.

_____,『내 아이의 미래가 달라지는 엄마표 뇌교육』, 생각의 나무, 2010.

CH Park, YJ Lee, SH Lee, SH Choi, HS Kim, SJ Jeong, SS Kim, and YH Suh (2000) Dehydroevodiamine-HCl Prevents Impairment of Learning and Memory and Neuronal Loss in Rat Models of Cognitive Disturbance. J. Neurochemistry 74(1):244-53.

Lee JY, Kim KY, Shin KY, Won BY, Jung HY, Suh YH. Effects of BT-11 on memory in healthy humans. Neurosci Lett. 2009 Apr 24;454(2):111-4.

Shin KY, Won BY, Heo C, Kim HJ, Jang DP, Park CH, Kim S, Kim HS, Kim YB, Lee HG, Lee SH, Cho ZH, Suh YH. (2009) BT-11 improves stress-induced memory impairments through increment of glucose utilization and total neural cell adhesion molecule levels in rat brains. J Neurosci Res. 87:260-268.

Saeromi Kim, Keun-A Chang, Jeong a Kim, Hyeong-Geun Park, Jeong Chan Ra, Hye-Sun Kim, Yoo-HunSuh*. The Preventive and Therapeutic Effects of Intravenous Human Adipose-Derived Stem Cells in Alzheimer's Disease Mice. PLoS ONE 2012 September 26; 7(9);e45757.

YH Suh (1997) An Etiological role of Amyloidogenic Carboxyl-Terminal Fragments of the □-Amyloid Precursor Protein in Alzheimer'sDisease. J.Neurochem.68:1781-1791.

뇌의 비밀

| 펴낸날 | 초판 1쇄 2013년 12월 30일 |
| | 초판 3쇄 2018년   8월 16일 |

지은이	서유헌
펴낸이	심만수
펴낸곳	(주)살림출판사
출판등록	1989년 11월 1일 제9-210호

주소	경기도 파주시 광인사길 30
전화	031-955-1350 팩스 031-624-1356
홈페이지	http://www.sallimbooks.com
이메일	book@sallimbooks.com

| ISBN | 978-89-522-2788-1 04080 |
| | 978-89-522-0096-9 04080(세트) |

※ 값은 뒤표지에 있습니다.
※ 잘못 만들어진 책은 구입하신 서점에서 바꾸어 드립니다.

이 도서의 국립중앙도서관 출판시도서목록(CIP)은 서지정보유통지원시스템 홈페이지
(http://seoji.nl.go.kr)와 국가자료공동목록시스템(http://www.nl.go.kr/kolisnet)에서
이용하실 수 있습니다.(CIP제어번호: CIP2013028287)

126 초끈이론 아인슈타인의 꿈을 찾아서   eBook

박재모(포항공대 물리학과 교수) · 현승준(연세대 물리학과 교수)

빠르게 발전하고 있는 초끈이론을 일반대중이 이해할 수 있도록
쉽게 풀어쓴 책. 중력을 성공적으로 양자화하고 모든 종류의 입자
와 그들 간의 상호작용을 포함하는 모형으로 각광받고 있는 초끈
이론을 설명한다. 초끈이론을 이해하기 위해 필요한 양자역학이
나 일반상대론 등 현대물리학의 제 분야에 대해서도 알기 쉽게 소
개한다.

125 나노 미시세계가 거시세계를 바꾼다   eBook

이영희(성균관대 물리학과 교수)

박테리아 크기의 1000분의 1에 해당하는 크기인 '나노'가 인간
세계를 어떻게 바꿔 놓을 것인지에 대한 해답을 제시하는 책. 나
노기술이란 무엇이고 나노크기의 재료들은 어떻게 만들어지는가,
나노크기의 재료들을 어떻게 조작해 새로운 기술들을 이끌어내는
가, 조작을 통해 어떤 기술들을 실현하는가를 다양한 예를 통해 소
개한다.

448 파이온에서 힉스 입자까지   eBook

이강영(경상대 물리교육과 교수)

누구나 한번쯤 '우주는 어디에서 시작됐을까?' '물질의 근본은 어
디일까?'와 같은 의문을 품어본 적은 있을 것이다. 물질과 에너지
의 궁극적 본질에 다가서면 다가설수록 우주의 근원을 이해하는
일도 쉬워진다고 한다. 이 책은 바로 이러한 질문들의 해답을 찾기
위해 애쓰는 물리학자들의 긴 여정을 담고 있다.

035 법의학의 세계   eBook

이윤성(서울대 법의학과 교수)

최근 드라마나 영화를 통해 일반인의 호기심을 자극하고 있지만
거의 알려지지 않은 법의학을 소개한 책. 법의학의 여러 분야에 대
한 소개, 부검의 필요성과 절차, 사망의 원인과 종류, 사망시각 추
정과 신원확인, 교통사고와 질식사 그리고 익사와 관련된 흥미로
운 사건들을 통해 법의학에 대한 이해를 돕는다.

395 적정기술이란 무엇인가 `eBook`

김정태(적정기술재단 사무국장)

적정기술은 빈곤과 질병으로부터 싸우고 있는 전 세계의 사람들에게 희망을 안겨주는 따뜻한 기술이다. 이 책에서는 적정기술이 탄생하게 된 배경과 함께 적정기술의 역사, 정의, 개척자들을 소개함으로써 적정기술에 대한 기본적인 이해를 돕고 있다. 소외된 90%를 위한 기술을 통해 독자들은 세상을 바꾸는 작지만 강한 힘이란 무엇인가에 대해서 알 수 있을 것이다.

022 인체의 신비

이성주(코리아메디케어 대표)

내 자신이었으면서도 여전히 낯설었던 몸에 대한 지식을 문학, 사회학, 예술사, 철학 등을 접목시켜 이야기해 주는 책. 몸과 마음의 신비, 배에서 나는 '꼬르륵' 소리의 비밀, '키스'가 건강에 이로운 이유, 인간은 왜 언제든 '사랑'할 수 있는가에 대한 여러 학설 등 일상에서 일어나는 수수께끼를 명쾌하게 풀어 준다.

036 양자 컴퓨터 `eBook`

이순칠(한국과학기술원 물리학과 교수)

21세기 인류 문명에서 가장 중요한 요소 중의 하나로 꼽히는 양자 컴퓨터의 과학적 원리와 그 응용의 효과를 소개한 책. 물리학과 전산학 등 다양한 학문적 성과의 총합인 양자 컴퓨터에 대한 이해를 통해 미래사회의 발전상을 가늠하게 해준다. 저자는 어려운 전문용어가 아니라 일반 대중도 이해가 가능하도록 양자학을 쉽게 설명하고 있다.

214 미생물의 세계 `eBook`

이재열(경북대 생명공학부 교수)

미생물의 종류 및 미생물과 관련하여 우리 생활에서 마주칠 수 있는 여러 현상들에 대해, 알기 쉽게 풀어 설명한다. 책을 읽어나가며 독자들은 미생물들이 나름대로 형성한 그들의 세계가 인간의 그것과 다름이 없음을, 미생물도 결국은 생물이고 우리와 공생하고 있다는 사실을 알 수 있을 것이다.

375 레이첼 카슨과 침묵의 봄 eBook

김재호(소프트웨어 연구원)

『침묵의 봄』은 100명의 세계적 석학이 뽑은 '20세기를 움직인 10권의 책' 중 4위를 차지했다. 그 책의 저자인 레이첼 카슨 역시 「타임」이 뽑은 '20세기 중요인물 100명' 중 한 명이다. 과학적 분석력과 인문학적 감수성을 융합하여 20세기 후반 환경운동에 절대적 영향을 준 레이첼 카슨과 『침묵의 봄』에 대한 짧지만 알찬 안내서.

277 사상의학 바로 알기 eBook

장동민(하늘땅한의원 원장)

이 책은 사상의학이라는 단어는 알고 있지만 심리테스트 정도의 흥밋거리로 알고 있는 사람들에게 바른 상식을 알려 준다. 또한 한의학이나 사상의학을 전공하고픈 학생들의 공부에 기초적인 도움을 준다. 사상의학의 탄생과 역사에서부터 실생활에서 적용할 수 있는 간단한 사상의학의 방법들을 소개한다.

356 기술의 역사 뗀석기에서 유전자 재조합까지

송성수(부산대학교 기초교육원 교수)

우리는 기술을 단순히 사물의 단계에서 생각하기 쉽다. 하지만 기술에는 인간의 삶과 사회의 배경이 녹아들어 있다. 기술의 역사를 통해 우리는 기술과 문화, 기술과 인간의 삶을 연결시켜 생각할 수 있게 될 것이다. 이 책을 읽은 후 주변에 있는 기술을 다시 보게 되면, 그 기술이 뭔가 다른 느낌으로 다가올 것이다.

319 DNA분석과 과학수사 eBook

박기원(국립과학수사연구소 연구관)

범죄수사에서 유전자분석에 대한 관심이 커지고 있지만 간단하게 참고할 만한 책은 거의 없는 실정이다. 이 책은 적은 분량이지만 가능한 모든 분야와 최근의 동향을 소개하고 있다. 특히, 내용의 이해를 돕기 위하여 서래마을 영아유기사건이나 대구지하철 참사 신원조회 등 실제 사건의 감정 사례를 소개하는 데도 많은 비중을 두었다.

eBook 표시가 되어있는 도서는 전자책으로 구매가 가능합니다.

(주)살림출판사

www.sallimbooks.com

주소 경기도 파주시 문발동 522-1 | 전화 031-955-1350 | 팩스 031-955-1355